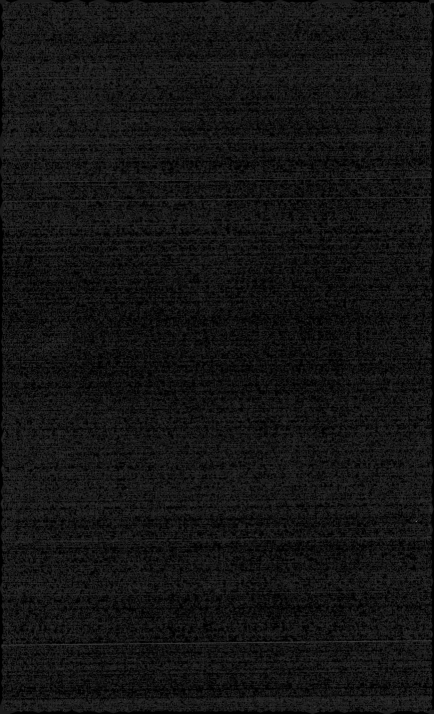

人生論

——「自受用三昧」から「自然法爾」へ

黒崎 宏

春秋社

目次

人生論

人生論

――「自受用三昧」から「自然法爾」へ――

I　序

私も、いつの間にか、子供や孫に遺言をしておこう、と思う年になった。それで、

私の「死生観」

を書いてみた。そうしたら、ついでに、子供や孫に将来いつかは読んでもらいたいと思う
本についても、書いておきたくなって、

本についての残す言葉

を書いた。彼ら彼女らは、理系であるようなので、宗教についての正しい理解を持ってもらいたいと思ったからである。すると、もっと本格的に、私の「人生論」を書きたくなって、

人生論――「自受用三昧」に生きよ!――

を書いた。その結語は、執着を捨て、「自受用三昧」に生きよ!である。そこには、当然、いろいろな予備知識が必要である。それで、それらを補うために、

「絶対無」について
「二重写し」・「同時現成」・「重ね書き」・「矛盾的自己同一」について
道元の「有時」について――「同時炳現」――

を書くことになった。

　では一体、「執着を捨て」るには、どうすればよいのか。それには、人生における様々な「執着」という事象について、徹底的によく「見る」ことである。ウィトゲンシュタインによれば、

　「考えるな、見よ！（Denk nicht, sondern schau!)」（『哲学探究』第Ⅰ部66）

を実践することである。そして、それによって、「執着」の無意味なることを悟ることである。これは、思索ではなく、実践である。ここに於いては、「見る」という実践が、「考える」という思索に先立つのである。

　多くの人は、「実践の前に、よく考えよ！」と言う。勿論、そうでなくてはならない、という場合も多い。しかし、「考える前に、よく見よ！」と言うべき場合も多いのではないか。戦場において、「作戦を考える前に、敵情をよく見よ！」というのは、その一例である。そしてまた、鈴木大拙が「（日本的）霊性」を発見し、西田幾多郎が「心霊上の事実」に気が付いたのも、この「考えるな、見よ！」の結果ではないのか。人間存在の根源に気付くには、先入観にとらわれず、虚心に「考えるな、見よ！」を実践することこそが

大切なのである。そうすれば、執着を捨て、「自受用三昧」に生きられよう。
ここで、是非とも紹介したい一文がある。それは、井筒俊彦の『神秘哲学――ギリシアの部――』（岩波文庫、二〇一九）にあるものである。（分かり難いので、一部書き換えてある）

人間的思惟の典型的活動ともいうべき哲学や形而上学が観照的生の体験に定礎されて成立し得るであろうとは、夢にも思ってはいなかった。然るに、後日、西欧の神秘家達は私に、私が夢にも思っていなかったことが事実であると、教えた。そして、特にギリシアの哲人達が、彼等の哲学の底に、彼等の哲学的思惟の根源として、まさしくVita Contemplativa（観照的生）の脱自的体験（無心無我の体験）を予想していることを知った時、私の驚きと感激とはいかばかりであったろう。私はこうして私のギリシアを発見した。(12)

ギリシアの哲人達においては、哲学的思索に先立って、観照的生の体験があったのである。

ここまで来て、私は、この同じ井筒俊彦の『意識の形而上学――『大乗起信論』の哲学――』(中公文庫、二〇〇一)を、取り上げることになる。それは、ここには、道元の「時空の形而上学」と同じ筋の「時空の形而上学」が展開されているから、である。そしてそれが、奇しくも、ウィトゲンシュタインの「科学論」につながるのである。ここで、全体を振り返ってみると、『起信論』言うところの「真如」は、鈴木大拙が、『日本的霊性』(岩波文庫、一九七二)で言うところの「(日本的)霊性」につながる。この(日本的)霊性を、世界史上、最初に自覚した人物として、親鸞聖人が現れる。そして、大拙は、親鸞に託して、「自然法爾」を説く。結局、道元は「自受用三昧」を説き、より深い意味で、親鸞は「自然法爾」を説いたのである、ということになるのではないのか。

以下、お読みいただければお分かりになると思いますが、話は、次々と、或る意味、必然的に紆余曲折しながら、繋がってゆきます。その話の本筋は、道元の「自受用三昧」からはじまって、より深い意味で、親鸞に託した大拙の「自然法爾」でおわります。依拠したテクストは、以下のとおりです。

道元著・水野弥穂子校注『正法眼蔵』(全四冊)(岩波文庫、一九九〇―一九九三)

井筒俊彦著『意識の形而上学――『大乗起信論』の哲学――』（中公文庫、二〇〇一）
鈴木大拙著『日本的霊性』（岩波文庫、一九七二）

それぞれの鍵概念は、「仏性」、「真如」、「（日本的）霊性」です。是非とも、それぞれの議論に共通の構造があることに注目しながら、お読みいただきたい。その構造こそが、「この世の構造」ではないでしょうか。

結局、この小著は、『正法眼蔵』・『大乗起信論』・『日本的霊性』をテクストにして、一つの「人生論」を展開すると共に、一つの「形而上学」を提示する。

ここへ来て、私は一つの「註」のようなものをつけたくなった。それは、「人生論」と「人生観」のちがいである。私に於いては、本書の標題である「人生論」は、一つの「人生観」（Lebensanschauung）に到達するための一つの哲学的「思索」であり、したがって、「人生観」は「人生論」の帰結である、と言えよう。ついでに、もう一言。「死生観《しせいかん》」に対しては、何故か「死生論《しせいろん》」ということが言われない。それは丁度、「世界観」に対して「世界論」ということが言われないように、である。もっとも、この場合は、ライプニッツの「予定調和の世界観」とかマルクスの「唯物弁証法的世界観」が一種の「世界論」である、と言われるかもしれない。そして、それはそのとおりであろう。ここまで来れば、後は言葉の問題である。

最後に一言。最近バチカンで新発見された新資料をも参考にして、昨年の暮れにスピノザの『エティカ』の新訳が（岩波書店から）出版された。私のこの小著では、「神」が一つの鍵概念なので、私はさっそくその新訳の「神」の部分を読んでみた。スピノザの「神」は「神即自然」とも言われ、何かと問題にされるからでもあった。予想どおりに難解であった。しかし私は、一つの解釈モデルを提示する事が出来た、と思った。ご理解いただければ幸いである。

しかし、話は終わらなかった。私は、この小著を書き終えた、と感じた時、念の為、ギリシア・ローマの哲人たちの「人生論」についても一瞥しておくべきだ、と思い、中野孝次氏の『ローマの哲人 セネカの言葉』を読んでみた。そして、驚いた。そこで紹介されている思想は、まさしく「自然法爾」であったからである。それで、急遽、「Ⅸ 余滴」として、同書に基づいて、セネカとその思想を素描してみた。同書は、初版は、二〇〇三年に岩波書店から刊行され、今日では、二〇二〇年、講談社学術文庫から刊行されている。

この度のこの拙著の出版に際しても、いろいろとご尽力いただいた小林公二氏、荒木駿氏、ならびにご協力いただいた方々に、この場をかりて厚く御礼申し上げます。

II　私の「死生観」

臨済宗妙心寺派の禅僧・中川宗淵は、「絶対に蚊に喰われない（刺されない）方法がある。それは何か。」と問うた。勿論、これに対する答えは、いろいろある。例えば、「地球上の蚊を完全に絶滅してしまう」というのも、その一つである。しかし、それは大変な大仕事であるし、その上、実際にやってみても、蚊が本当に完全に絶滅したか否かを確認する事は、事実上不可能である。したがって、「地球上の蚊を完全に絶滅する」ことによって、「絶対に蚊に喰われない」ようにする事は、事実上不可能でしょう。

これに対し、中川宗淵老師の答えは、非常に簡単なものでした。それは、「蚊に喰わせればよい」というものでした。自分のほうから積極的に蚊に喰わせればよい、というのです。そうすれば、論理的に「蚊に喰われる」ことはあり得ないわけでして、したがって、「絶対に」蚊に喰われることはない、というわけです。これは、「あげたものは取られない」とか、「棄てたものは失くせない」とかいうのと同じ論理です。

この答えを聞いて、「なんだ馬鹿らしい」と言う方もいるでしょう。しかしこの話は、単に言葉上の問題、或いは、単に論理上の問題ではなく、人間の生き方の問題として、非常に重大な教訓を含んでいるのです。それは、我々は蚊というものに対して、全く正反対の二通りの仕方で対応しうる、ということです。その一つは、蚊というものを「敵」とみなし、それに戦いを挑む、という対応の仕方です。そして他の一つは、蚊というものを「友」とみなし、自らを蚊と一体にしてしまう、という対応の仕方です。母親が自らのお腹を痛めた我が子に乳を吸わせるように、です。そう言えば、良寛は、蚊の出る季節になっても、蚊帳はなるべく吊らないようにしていました。蚊帳を吊るにしても、片足は蚊帳の外に出して、蚊に刺されるのにまかせていました。そして、次のように言ったそうです。

わしは蚊に刺されても何ともない。蚊帳をつるのは、眠っているあいだに知らず知らず蚊を叩き殺したりすると気の毒だからだ。それでも、まんざら蚊に何もやらんでは可愛そうだから、せめて片足だけでもと思って外に出して寝るのだ。

そうだとすれば良寛は、蚊を友として生きていたのだ、とも言えるでしょう。

さて、越後の三条に大地震があった時のことです。三条から遠くない与板と言うところに住んでいた、良寛の「またいとこ」に当たる人が、やはり三条から遠くない所に住んでいた良寛の身を案じ、良寛に見舞状を送った。これに対し良寛は、次の様な返事を書いたのです。

災難に逢う時節には災難に逢うがよく候。死ぬる時節には死ぬるのがよく候。これはこれ災難をのがるる妙法にて候。

良寛は、蚊どころか、「死」をも友となし、それと一体になっていたのです。したがって良寛は、蚊に喰われなかったのみならず、実は、死にもしなかったわけです。もちろん、死と一体になっていた良寛といえども、普通の意味では、死なかったわけではありません。しかし、良寛にとっての「死」の意味は、我々凡人にとっての死の意味と、全く違っていたのです。良寛は、我々凡人が「死ぬ」という意味では、実は「死ななかった」のです。おそらく彼にとっては、「死ぬときは死ぬ」、ただそれだけの事ではなかったのか、と思われます。

さて良寛は、後には自らを「僧に非ず、俗に非ず」と言っていますが、若いころは、曹洞宗の禅僧でした。彼は、倉敷の玉島という所にある円通寺で、国仙和尚という高僧について厳しい修行をし、印可（免許皆伝）を受けていたのです。彼はそこで、後に『正法眼蔵』として編纂されるもののもとになる『永平広録』という書を読み、深く影響されました。そして彼は、その著者・高祖道元を生涯の師とするようになったのです。

じたばたせずに「死ぬときは死ぬ」、このような「死に方」――それは同時に、そのような「生き方」でもあるのですが――それは、実は、師道元のものでした。『正法眼蔵』には、「生死《しょうじ》」という巻があります。そしてそこに於いて道元は、次のように言っています。

生《しょう》来たらば、ただこれ生。滅《めっ》来たらば、これ滅に向かいて仕うべし。厭うことなかれ、願うことなかれ。

これが、道元の「死生観」です。死にいたれば、ただ死ねばよいのです。厭うことなく、願うことなく、ただ無心に死ねばよいのです。「死に方は、同時に、生き方」でもあるのですから、そのように生きればよいのです。これが私の「死生観」です。

それでは、私は無神論者なのであろうか。そうではありません。西田幾多郎は、最後の完成論文「場所的論理と宗教的世界観」において、こう言っています。

我々の自己の根柢には、何処までも意識的自己（意識された自己）を越えたものがあるのである。これは我々の自己の自覚的事実である。自己自身の自覚の事実について、深く反省する人は、何人《なんびと》も此《ここ》に気附かなければならない。鈴木大拙《だいせつ》はこれを霊性という（日本的霊性）。而して（未来への）精神の意志の力は、霊性に裏附けられることによって、自己を超越するといっている。霊性的事実というのは、宗教的ではあるが、神秘的なるものではない。元来、人が宗教を神秘的と考えること、その事が誤りである。

（『西田幾多郎哲学論集』Ⅲ、岩波文庫、348）

「霊性」こそが、真実の自己なのである。パウロは「我が生きるにあらず、キリスト我において生きるなり」（ガラテヤの信徒への手紙2：20）と言ったが、大拙の「霊性」は、まさしく、パウロにおける「キリスト」ではなかったのか。そうであるとすれば、大拙における信仰は、パウロにおける信仰と同じであったことになる。したがって、私の人生観は、幾多郎、大拙、パウロ、を通じて、キリスト教とも通じていたことになる。

仏教とキリスト教は、水と油のように親和性がない、と考えられることが多い。そして私も、実を言えば、キリスト教は肌に合わない、という感覚を持っていた。しかし私は、かつて奉職していた成城大学の縁あって、禅者・秋月龍珉《りょうみん》老師とキリスト者・八木誠一教授に知己を得て、禅とキリスト教の関係について、多くを教えられた。此処では、両者の共著である『歴史のイエスを語る――キリスト教と仏教の対話のために――』（春秋社、一九八四）という一書を挙げておく。

その冒頭の八木誠一の「はしがき」において、同氏はこう言っている。

古代同様現代でも各人にひとしくかかわることとして、人間が自分自身を単なる自我として了解し定立するとき、人間が自我を強化し拡大しようと努めれば努めるほど、自我は虚しいものとしてあらわとなること、人間が単なる自我に死んで、人格を超えて人格を生かすものの働きに自覚的に生かされ生きるようになるとき、人格的生の本来性が成り立つこと、それはユダヤ教・キリスト教的伝統の外でも確認されてきた事実であること。秋月老師と私との間にはこのような共通の基本的認識があり、この認識がイエス理解の枠組みを与えている。イエスもパウロも、また親鸞も禅も、右の地平でとらえられるのである。

（傍点は引用者）（5）

そう主張する以上は、「自我」とか、「自我を超えたもの」とかいわれるものが何か、「単なる自我に死に、自我を超えたものから生かされる」とはどういうことかということが、立ち入って論じられなくてはならない。

（傍点は引用者）（5–6）

それでは、キリスト者・八木が言う「人格を超えて人格を生かすもの」とか「自我を超えたもの」とは何か。それこそが、禅者・大拙が言うところの「日本的霊性」ではないのか。そうであるとすれば、仏教とキリスト教は、その根底に於いて同じ構造を有しているのであり、その意味で両者は、絶対矛盾的自己同一的に同一であるということになるのではないか。

註：私がここに記したものは、かつて、放送大学の「科学と宗教」（一九八七）で放送した原稿に加筆訂正したもので、重ねて、秋月龍珉老師主幹の雑誌『大乗禅』（一九八八）に「科学と宗教——良寛・道元・ウィトゲンシュタイン——」として掲載されたものに基づいている。

Ⅲ　本についての残す言葉

私がどんな人生を歩んできたか、ということについては、これまで、以下の拙著において二度書いたことがある。

「私の哲学的回想」『ウィトゲンシュタインと「独我論」』（勁草書房、二〇〇二）所収。

「私の読書遍歴――『講談社の絵本』から西田幾多郎「場所的論理と宗教的世界観」まで――」『悪の起源――ライプニッツ哲学へのウィトゲンシュタイン的理解』（春秋社、二〇一七）所収。

したがって、ここで改めて書こうとは思わない。ここでは、ごく一般的に、これからの人生において読んでほしい、と思う本について、少し述べておきたい。

私は、詩や文学については、あまり読んでこなかった。しかし詩歌といえば、芭蕉の俳句には、妙に引き付けられるものがあった。「閑さや　岩にしみいる蝉の声」などは、その一つである。「蝉の声」あっての「閑さ」なのである。「閑さ」は、単に音が無い、ということではないのだ。このような、世俗を離れた「閑さ」の非物理的な本質の描写に、私は惹きつけられるのだ。また文学で言えば、森鴎外の「高瀬舟」や「山椒大夫」、谷崎潤一郎の「春琴抄」などが、思い浮かぶ。人生の鮮烈な一局面を描き切っていると思うからである。

しかし子供のころから、私の廻りには、比較的宗教関係の本が目についた。その中には、親鸞の『歎異抄』とか、相馬御風の『大愚良寛』などがあった。私はここで、倉田百三の名著『法然と親鸞の信仰』（上・下）をあげておきたい。親鸞を理解するには、その師・法然をも理解しなければならないから、ここでは上記の本を上下一体として、熟読していただきたい、と思う。親鸞は、「浄土真宗」の開祖であり、奇しくも、我が家の納骨の霊園

「春秋苑」は、その「浄土真宗」なのである。

ところで私は、親鸞とともに、或いは、それ以上に、良寛に親しみを感じる。その良寛は、日本における曹洞宗の開祖・道元を師と仰ぐ曹洞宗の禅僧であった。そしてその良寛は、これまた相馬御風の名著『大愚良寛』に、その全体像が活写されている。

本来ならば、ここで、良寛の師・道元の畢生の大作『正法眼蔵』を読んでほしい、と言いたいところであるが、これはおそらく無理であろう。和漢混成で、現代語訳も確立していないからである。そこで私としては、倉田百三の『法然と親鸞の信仰』を通して「親鸞」を理解し、相馬御風の『大愚良寛』(註)を通して「良寛」を理解することによって、大乗仏教というものの核心を理解して頂きたい、と思う。それは「自然法爾《じねんほうに》」といわれる。「己を無にして有りの侭に生きれば、そこに真実の世界が現れる」というのである。「無為《むい》自然《しぜん》」と言ってもよい。我々は、生きているのではなく、生かされているのだ。キリスト教では、これを「生きているのは、もはやわたしではありません。キリストがわたしの内に生きておられるのです。」（ガラテヤの信徒への手紙2：20）と言う。仏教もキリスト教も、根本は同じなわけである。

註：相馬御風の『大愚良寛』は、その後、渡辺秀英校注で、考古堂書店より二〇一五年に新装版が出版されており、また、倉田百三の『法然と親鸞の信仰』は、今日、講談社学術文庫（二〇一八）で出版されている。

Ⅳ　人生論
――「自受用三昧」に生きよ！――

道元の『正法眼蔵』と言えば、知る人ぞ知る超難解な著作である。かつて私も、よく話題に上る有名な巻の幾つか――例えば、「現成公案」「有時」「山水経」など――を読んでみたが、悪戦苦闘した。漢文と和文の混合であり、漢文の部分は勿論であるが、和文の部分も、大いに難儀した。翻訳もいろいろ出ているが、あまり信頼出来るようには思えない。ところが最近、「インチキ禅」を意味する「野狐禅」という言葉のもとになる話が、『正法眼蔵』の中に二箇所あることを知って、その部分を読んでみた。その二箇所とは、一つは、七十五巻本の第六十八巻の「大修行」であり、いま一つは、十二巻本の第七巻の「深信因果」である。いずれにおいても、我々は「因果」という事にどう関わるべきか、という事が問題になっており、そしてこの問題は、『正法眼蔵』の総序を成している「辨道話」において提唱される「自受用三昧」という生き方によって解決される、と思われた。そこで私は、その道筋を明らかにするために、以下において、「辨道話」から始まって「大修行」に至り、そこから「深信因果」に触れて、再び「辨道話」に戻る、とういう筋道で、論述してみようと思う。私はここに、道元禅師の「人生論」を見る思いがした。そして私は、それを「我が人生論」としたい、と思った。それは、言わば、「自受用三昧」の人生論なのである。

テクストとしては、一九九〇年初版の岩波文庫版の道元著、水野弥穂子校注の四巻本、『正法眼蔵』（一～四）を用いる。引用は、原則として、水野弥穂子校注に従うが、そうでない所もある。丸括弧（ ）と一対の縦棒《ダッシュ》——　——、および傍点は、私の挿入である。

1　「辨道話」

「辨道話」（仏道を弁《わきま》える話）は、こう始まる。

諸仏如来（真実の自己）は、（みな）ともに妙法（自己の真実）を（真実の自己へと）単伝して、阿《あ》耨《のく》菩《ぼ》提《だい》（自己の覚り）を証（明）する（の）に、最上（にして）無為（自然）の妙術あり。これ（その妙術）ただ、（すべての）ほとけ仏にさずけてよこしま（間違え）なることなきは、すなわち自受用三昧、その標準（の仕方）なり。（（一）11）

のっけから難解であるが、私は、こう理解する。

真実の自己が、自己の真実（例えば、「おのれの寿命は有限である」という事）を、生への執着などで歪めずに、そのまま正しく、おのれ（その真実の自己）に伝える、このような事を、仏教用語では「単伝」と言う。水野弥穂子はそれを、「自己の真実を自己に伝える」（（一）11）と表現した。そうであるとすれば、「単伝」する、という事は、一切の執着を離れ、ごまかさずに、真実に生きる、という事になる。このことを、「覚り」の境地にある、と言うのではないか。ところで、そのように、「単伝」して自己の覚りを実現するのに、標準的な仕方がある。それが「自受用三昧」である。

「辨道話」は、こう続く。

この（自受用）三昧に遊化《ゆけ》する（没入する）に、端坐参禅（坐禅）を正門とせり。この（方）法は、人々の分（人々に分け与えられた資質の）上にゆたかにそなはれりといへども、いまだ修（得）せざるにはあらはれず、証（実証）せざるにはうることなし。

（（一）11）

勿論、そうであるに違いない。一言、注意。「ざぜん」は、「坐禅」であって、「座禅」ではない。「坐」は「すわる事」であり、「座」は「すわる場所」である。

そして、こう続く。

（中略）宗門の正伝にいはく、この単伝正直の仏法は、最上のなかに最上なり。参見知識（導師にお目にかかる）のはじめより、さらに焼香・礼拝・念仏・修懺（懺悔）・看経（経典を読む事）をもちいず、ただし、打坐して身心脱落すること（身心を無にすること）をえよ。

（（一）15）

「辨道話」の最後は、十八箇の問答で終わる。ここで大切なのは、十番目の問答である。少し長いが、引用する。

質問者が、こう問う。

ある（霊魂不滅を説く人）がいはく、「生死《しょうじ》（生まれては死ぬ運命のくりかえし）をなげくことなかれ、生死を出離（離脱）するにいとすみやかなるみちあり。（それは、）いはゆる心性《しんしょう》（心の本性・本体）の常住（永遠不滅）なることわりをしる（知るから）なり。そのむね（趣旨）は、（以下の如し。）この身体は、すでに生《しょう》あればかならず滅にうつされゆくことありとも、この心性（心の本体）はあへて滅する事なし。よく生滅にうつされぬ心性わが身にあることをしり（知り）ぬれば、これを（心の）本来の性（すがた）とするがゆえに、身はこれかり（仮）のすがた（姿）なり（といえども）、（心はこれ本来の姿にして、）死此生彼（ここに死んで、かしこに生まれる）さだまり（ある事）なし。心はこれ常住なり、去来現在（過去・現在・未来を通じて）かはる（変わる）べからず（自己同一なり）。かくのごとくしる（知る）を、生死をはなれたり（離れたり）、とはいふなり。（今）このむねをしる（知る）ものは、従来の（これまでの）生死（輪廻を）ながくたえて（耐えて）、（今）この身をはる（終わる）とき、（心は）性海（本性の世界＝本体の世界）にいる（入る）。（衆生の心は、）性海に朝宗する（合流する）とき、諸仏如来のごとく妙徳まさにそなわる。（しかし、現世にいる）いま（今）は、たとひ（それらの事を）しる（知る）といへども、前世の妄業になされたる（前世の悪行の報いを受けている）身体なるがゆえに、諸聖（もろもろのひじり）とひとしからず。いまだこのむね（旨）をしらざる（知らざる）もの（者）は、（未だ）ひさしく生死（輪廻）にめぐるべし。しかあればすなはち、ただいそぎて心性の常住なるむねを了知すべし。いたづらに閑坐して一生をすぐさん（すごすのであろうか）。なにの（何の）まつ（期待する）ところかあらむ。」

（（一）31–2）

かくのごとくいうむね、これはまことに諸仏諸祖の道（言う事）にかなうや、いかむ（如何）。

（（一）32）

道元、しめしていわく、

いまいふ（言う）ところの見、まったく仏法にあらず。先尼外道が見なり。（（一）32–3）

「外道」とは、「仏道」にあらざる教え、という事であり、「先尼」はある外道の名であるが、いまここでは問題にする必要はない。

更に、道元は続ける。

かの外道の見は、わが身、うちにひとつの霊知あり、かの知、すなはち縁にあふところに、よく好悪をわきまへ、是非をわきまふ。痛痒をしり（知り）、苦楽をしる（知る）、みなかの霊知のちからなり。しかあるに（そうであるのに）、かの霊性（霊知）は、この身の滅するとき、もぬけて（藻抜けて）かしこにむまるる（生まれる）ゆえに、ここに滅すとみゆれども、かしこに生《しょう》あれば、ながく滅せずして常住なりといふなり。かの外道が見、かくのごとし。（（一）33）

しかあるを（そうであるのを）、この見をならうて（習って）仏法とせむ（せん）、瓦礫《がりゃく》

（瓦と小石）をにぎって金宝とおもはんよりもなほおろかなり。　（（一）33）

道元は、こう言ってから、真実の仏法を説きはじめる。

ことやむことをえず（やむをえず）、いまなほあはれみ（哀れみ）をたれて、汝が邪見をすくはば（救うならば）、しる（知る）べし、仏法にはもとより身心一如にして、性《しょう》相不二《そうふに》（内的本性と外的相貌の絶対矛盾的自己同一）なりと談ずる、西天東地（西の天から東の地にいたるまで、世界中に）おなじくしれる（知れわたっている）ところ（のものを）、あへてたがふ（間違える）べからず。　（（一）34）

嘗観《しょうかん》すべし（よくよく深く観察すべし）、身心一如のむねは、仏法のつねの談ずるところなり。しかあるに（そうであるのに）、なんぞ（なんで）、この身の生滅（生死）せんとき、心ひとり身をはなれて、生滅（生死）せざらむ（しないのであろうか）。もし、（身心の）一如なるときあり、一如ならぬときあらば、仏説おのづから虚妄になりぬべし。（しかし真実には、身心は、常に一如にして、分かつ事能わず、身生滅するとき、心もまた生滅す。したがって、死後の世界は存在しない。）

（（一）35）

それゆえ、死後の世界の存在を前提とした行事——例えば、お盆の行事、など——は、文字通りの意味ではなく、象徴的な意味に理解すべきである。

又、生死はのぞく（除く）べき法（もの）ぞとおもへる（思える）は、仏法（事の真実）をいとふ（厭う）つみ（罪）となる。つつしまざらむや（慎まないでなんとする）。

（（一）35）

生死は、厭うべきものではなく、「自受用三昧」で、受け入れるべきもの、なのである。

「自受用三昧」に生きよ！

2 「大修行」・「深信因果」

先ず、予備知識を持ってもらいたい。

一般に、仏教は「釈迦牟尼仏」が創始したものと考えられているが、しかし実はそうではなく、「釈迦牟尼仏」以前に六人の仏がおり、仏教は、「釈迦牟尼仏」を含めて計七人の仏によって創始されたものである、という説がある。かく言うとき、「釈迦牟尼仏」を含めてのこれら七人の仏を「過去七仏」と言う。「釈迦牟尼仏」までの六人の仏は、以下の通りである。毘婆尸《びばし》仏、尸棄《しき》仏、毘舎浮《びしゃふ》仏、拘留孫《くるそん》仏、拘那含牟尼《くなごんむに》仏、迦葉《かしょう》仏。したがって、以下において出てくるが、「過去七仏」の第六、と言えば、「迦葉仏」のことである。それを「過去迦葉仏」とも言う。なお、「仏祖」と言えば、言うまでもなく「釈迦牟尼仏＝釈尊」のことであるが、その教えを受け継いだ者は、第一祖「摩訶迦葉《まかかしょう》」、第二祖「阿《あ》難陀《なんだ》」、……と続く。そして、第二十八祖「菩提達磨《ぼだいだるま》」が印度から中国に来て、改めて、禅宗の初祖となる。この系統は、二祖「慧可《えか》」、三祖「僧璨《そうさん》」と続く。そして「馬祖道一」「百丈懐《ひゃくじょうえ》海《かい》」へと流れてゆく。（（三）160–1）と（一）の巻末を見よ。）

以上を予備知識として、本論に入る。

洪州百丈山大智禅師〈馬祖に嗣す（馬祖の後を継ぐ）、諱《いみな》（死後に尊んでつけた称号）は懐《え》海《かい》〉（に関わる話であるが）、凡そ（かいつまんで言うと、こうである。）（その）参次（師のもとに参じて法を聞く会）に一人の老人有って、常に衆（修行僧たち）に随って聴法す（法話を聴く）。大衆（修行僧たち）若《も》し退（つい）すれば（退場すれば）、老人もまた退《つい》す（退場す）。（ところが）一日（ある日）、（その老人が）退せず。

（（三）366）

師遂に（それで）問う、「面前に立せる者（は）、復《ま》た（そもそも）是れ何人ぞ」

（（三）366）

老人対《つい》して（対して）云く（いわく）、「某甲《それがし》は是れ非人なり（人間に非ず）。過去迦葉仏（過去七仏の第六）の時に（時代に）、曾《かつ》て此の山（百丈山）に住せり（住持をしていた）。（或る時）因《ちな》みに（事のついでに）学人（ある修行僧が）（私に）問ふ（た）、「大修行底《ち》の人（大修行をしつくした人よ）、（あなたも）還《ま》た（やはり）因果に落つ（おちる）や無《いな》や」。某甲《それがし》他に（その人に）答えて云く（言った）、「因果に落ちず」。（そうしたら、その）後五百生まで、（一生を五百回繰り返すまで）野狐の身に堕《だ》す（落ちた）。今請《しん》すらくは（お願いしたいのですが）、和尚、一転語（人生を一転させる言葉）を代すべし（「因果に落ちず」の代わりに、お与えてください）。貴すらくは（あなた様（貴殿）のお蔭で、）野狐の身を脱《まぬか》れんことを（まぬかれたいのですが）。」　（(三) 367）

（そう請われて）師云（いわく）、「不昧因果（因果を昧《くら》まさず。）（因果を否定せず。）（因果を正面切って受け入れる。）」　（(三) 367）

老人（この「一転語」を受けて、）言下に（聞き終わるや否や）大悟す。（そして）礼を作《な》して（お礼を言って）云く、「某甲《それがし》已に（すでに）野狐の身を脱れぬ（まぬかれたり）、山後に（百丈山の後ろに）住在せらん（在住するであろう）。敢告《かんこう》すらくは（敢えて申しあげますが）和尚、乞う、亡僧（亡くなった僧）の事例に依らんことを。（亡僧の事例に倣って、私が抜け出たあとの野狐の亡骸《なきがら》を埋葬してください。）」　（(三) 368）

（師は、）食後に只《ただ》（しゅくしゅくと）、衆（修行僧たち）を領して（ひきつれて）、山（百丈山の）後（ろ）の岩（の）下に至り、杖を以て一つの死（んだ）野狐を指出《ししゅつ》する（指し

示す)。(そして、)乃ち(すなわち)(直ちに)法に依って火葬す。　((三) 368–9)

師、至晩(その日の日暮れ)に上堂して(説法のために法堂《はっとう》に上がって)、前《さき》の因縁(話)を挙す(推挙する)。　((三) 369)

(ここで、道元は、言う。)而今《しきん》現成の公案(たった今語られた因縁話)、これ(をどう理解するかは)大修行なり。　((三) 369)

こう言って道元は、改めて問題を設定して、議論をはじめる。

過去(の)学人(修行僧)(は)、問(うた)、「過去百丈山の大修行底人(過去の百丈山で大修行をしつくした人)(も)還《また》(やはり)落因果(いんがにおちる)也(や)無《いな》(や)。」　((三) 370)

この問、まことに卒爾に(はやばやと)、容易(簡単に)会(うい)(理解)すべからず。

（「因果に落ちず」と答えたら野狐に落ちたのであるから、「因果に落ちる」と答えればよかったのであろうか。話は、そう簡単ではない。）　（(三) 370）

大修行を摸得《もて》するに（この因縁話をどう理解すべきか、と探ってみるに、）これ大因果なり。この（大）因果、かならず円因満果（円満なる因果、不満のない因果）なるがゆえに、いまだかつて落不落の論あらず、昧不昧の道（話）にあらず。「不落因果」もしあやまりならば、「不昧因果」もあやまりなるべし。（中略）「不落因果」たとひ迦葉仏時（迦葉仏の時代）にはあやまりなりとも、釈迦仏時（釈迦仏の時代に）はあやまりにあらざる道理もあり、「不昧因果」たとひ現在釈迦仏（時）のときは脱野狐身すとも、迦葉仏時（のときは）しかあらざる（そうではない）道理も現成すべきなり。　（(三) 371）

「大修行」とは、「大因果」を実現するための修行なのである。そして、その「大因果」とは、「円満なる因果」「不満のない因果」なのである。それでは、そのような「大因果」を実現するためには、どうすればよいのか。それは、如何なる迫りくる因果をも、「自受用三昧」することによって、味方にすればよいのである。迫りくる運命を、自らに受け入れ、それを用い、それと三昧になって、言わば、それを味方にして、生活すべきなのである。これが、「自受用三昧」の生き方であり、道元が思い描いた生き方ではないのか。そして私も、これを、我が「人生論」としたい、と思った。

ここで大切なことは、道元は、「因果」を否定しているのではない、という事である。「因果」は、歴然として、存在している。善因善果・悪因悪果は、仏教の不滅の大原理である。しかし我々は、単にそれに縛られるのではなく、それと一体となり、自受用三昧になって、それをわがものとし、その事実を真実の自己に単伝して、生活すべきなのである。道元は、「深信因果」において、こう言っている。

おほよそ因果の道理、歴然としてわたくしなし。造悪のものは堕し、修善のものはのぼる、毫釐《ごうり》も（すんぶんも）たがはざるなり。　（（四）297）

更に、こうも言っている。

因果の道理は、孔子・老子等のあきらむるところにあらず。ただ仏々祖々、あきらめ

つたへましますところなり。（（四）297）

ここで「あきらむる」とは、「諦める」ことではなく、「明らかに見極める」ことである。念の為。

ここで一言。

それでは、仏教は、因果の道理——善因善果・悪因悪果——を教える「倫理学」なのであろうか。勿論、そうではない。我々は、自己の底に、自己を越えたものを感じる。仏教の本質に迫った鈴木大拙は、これを「霊性」と言う。大拙は、晩年の著作『日本的霊性』（岩波文庫、一九七二）において、こう言っている。

精神または心を物（物質）に対峙させた考えの中では、精神を物質に入れ、物質を精神に入れることができない。精神と物質との奥に、いま一つ何かを見なければならぬのである。二つのものが対峙する限り、矛盾・闘争・相克・相殺など（と）いうことは免れない、それでは人間はどうしても生きていくわけにいかない。なにか二つのものを包んで、二つのものがひっきょうするに二つでなくて一つであり、また一つであってそのまま二つであるということを見るものがなくてはならぬ。これが霊性である。今までの二元的世界が、相克し相殺しないで、互譲し交歓し相即相入するようになるのは、人間（における）霊性の覚醒にまつよりほかないのである。いわば精神と物質の世界の裏にいま一つの世界が開けて、前者と後者とが、互いに矛盾しながらしかも映発するようにならねばならぬのである。これは霊性的直覚または（霊性的）自覚によりて可能となる。（16−7）

しかし、「倫理学」には、この「霊性」についての自覚がない。そして、この自覚に目覚めれば、「倫理学」は、倫理学であることをやめて、「宗教（学）」になる。

私は、特定の宗教を信じる者ではないが、宗教を否定する者でもない。しかし、かく言う時の「宗教」は、「信の宗教」ではなく、「覚の宗教」である。それは、自己の底に在る霊性を、疑い得ない事実として自覚する——単伝する——「自覚の宗教」でなくてはならない。私は、ここに「宗教」の可能性を見る。

さらに、一言。

ここで私は、西田幾多郎がその最後の完成論文「場所的論理と宗教的世界観」（『西田幾多郎哲学論集Ⅲ』岩波文庫、所収）において（三五九頁で）引用している、新約聖書の中の一文を思い出す。「ガラテヤの信徒への手紙」の中に、（パウロの言葉として、）こうあるのである。

「生きているのは、もはやわたしではありません。キリストがわたしの内に生きておられるのです。」（ガラテヤの信徒への手紙2：20）

キリスト教は、「信の宗教」ではなく、「覚の宗教」であったのだ。私は、ここに禅宗とキリスト教に共通の構造を見る。

小林秀雄は、「私の人生観」（『人生について』中公文庫、所収）において、こう言っている。

「あらゆる思想は、通貨の様なもので、人手から人手に渡って、薄穢く汚れるものです。仏教思想も例外ではない。仏教の厭世思想とか虚無思想とか言われるものも、その汚れを言うのであります。」（31）

全くそうであると思う。「信の宗教」は「覚の宗教」の堕落形ではないのか。天龍寺師家の平田精耕老師の『禅語事典』（ＰＨＰ研究所、一九八八）の「不昧因果」の項には、こうある。参考までに、引用する。

昔から、悟りを開いたら因果の鎖《くさり》を脱することができるといわれてきましたが、実際にこの世に生きているかぎり、いくら悟りを開いても因果などというものを脱することはできない相談です。むしろ、それよりは因果の理をくらまさないで因果というものは確かにあるということをはっきりと自覚し、そしてこんどはその因果の世界で、因果になりきっていくということによって、かえって因果に落ちない世界に入ることができるわけです。

（傍点は引用者）（39）

因果に落ちる、落ちない、が問題ではなく、因果になりきることが問題なのだ。

3 「仏性」

「仏性《ぶっしょう》」の巻は、こう始まる。

釈迦牟尼仏（釈尊）言《ごん》（いわく）、「一切衆生、悉有仏性、如来常住、無有変易（へんやくあることなし）」。（（一）72）

これ（は）、われらが大師釈尊の獅子吼の転法輪（大説法）なりといへども、一切諸仏、一切祖師の、頂𩕳眼睛《ちんにんがんせい》なり（頭に、そして瞼に浮かぶ事なのである）。（一切諸仏、一切祖師これに）参学しきたる（携わる）こと、すでに二千一百九十年、正嫡（正統の跡継ぎ）わずかに五十代、（具体的には、）西天（印度で、第一祖摩訶迦葉から第二十八祖菩提達磨まで）二十八代、代々住持しきたり、（そして、菩提達磨、中国に来りて、如浄まで）東地二十三世、世々住持しきたる。（このように、）十方（あらゆる場所）の仏祖、ともに（仏法

を）住持せり（保持し、伝えた）。（一）72

ここから、本論に入る。先ずは、こう続く。

世尊道の（釈尊のおっしゃる）（前半の）「一切衆生、悉有仏性」は、その宗旨《そうし》（根本趣旨）いかん。（それは、）是什麼《ししも》物恁麼来《ぶついんもらい》（即ち、例えば、自分自身を指さして、）《是れなる什麼物（なにものか）は、恁麼に（どのように）来たのか》（という）道《どう》（問い、に対する）転法輪（答えの説法）なり。あるいは、（この文脈では）衆生といひ、有情《うじょう》（生きとし生けるもの）といひ、郡生《ぐんじょう》（すべての生き物）といひ、群類（諸生物）といふ（ことも可能である）。（一）73

悉有の言《ごん》は（悉有と言えば、まずは）衆生なり。（そして、衆生と言えば、その本質は仏性――仏としての性《さが》――なるがゆえに、）悉有は仏性なり。（一）73

では、その「仏性」とは何か。道元は「仏性」の巻で、こう言っている。

仏性は草木《そうもく》の種子のごとし。法雨（仏法が降らせる慈悲深い雨）の（中略）しきりにうるほす（潤す）とき、（種子から）芽茎生長し、枝葉花菓もす（茂す）ことあり。（そして、）果実さらに種子をはらめり。かくのごとく見解する、凡夫の情量なり（情の深き思量なり）。（しかし）たとひかくのごとく（その時の事実を、その時の事実として、淡々と）見解するとも、種子および花果、ともに条々（それぞれ）の赤心（真実）なりと参究すべし。（参禅して、一つ一つが絶対の真実である、という事を冷静に探究すべし。）（もちろん果（の）裏に（内に）種子あり、種子みえざれども（未来に）根茎等を生ず。（そして、）あつめざれどもそこばくの（たくさんの）枝条（枝）大囲となる（大きく周囲に張り出す）、（これ、）内外《ないげ》の論にあらず（言うまでもない）、古今の時に不空なり（昔も今も真実である）。しかあれば、たとひ凡夫の見解に一任す（凡夫の見解をそのまま認める）とも、（それは、）根茎枝葉みな同生し同死し、同悉有なる仏性なるべし。（根茎あっての枝葉であり、枝葉あっての根茎であって、根茎なければ枝葉なく、枝葉なければ根茎なし、なのである。これ、根茎と枝葉の同生・同死の――運命共同体なる――同悉有であって、これこそが、根茎・枝葉の本質をなす「無常」なる「仏性」なのである。一般的に言って、万物は、基本的には、同生・同死の同悉有であって、その本質は「無常」なのであり、それが「仏性」なのである。）

（（一）76–7）

それでは、釈迦牟尼仏言の後半「如来常住、無有変易」のほうは、どうであろうか。私は、こう理解したい。一切は衆生、にして、悉有は仏性、なのであるから、例えば私は「仏性」なのである。即ち、私の本性は「仏」なのである。私は、「仏」に由来する存在なのである。そして、ここに於ける「仏」とは、一切万物の根底にある「絶対無」ではないのか。「有」である限り、更にその根底が問われることになるからである。したがって私は、「仏」なる「絶対無」に由来する存在、仏教的に言えば、「如」に由来する存在、「如」より「来」たる存在、ではないのか。そして、私の、そして万物の、この「如来」という存在様式は、永遠不変なのである。これが「如来常住、無有変易」と言われる所以である。

ところが、先に見たように、「仏性」とは「無常」のことなのである。したがって、釈迦牟尼仏のおっしゃった事を総括すると、こういう事になる。

我も汝も、彼も彼女も、猫も杓子も、あれもこれも、要するに、この世の一切は、生死を離れない無常なるものではあるが、にもかかわらず、究極の根柢である如（絶対無）より来たことには、変わりがない。

なお、「無常」は、（ヴィクトル・ユーゴーの長編小説）『レ・ミゼラブル』（『ああ無情』）の「無情」ではない。「無常」は、「諸行無常」の「無常」であり、「常住」でない事、即ち、消滅・変化（生死）の有る事である。これに対し「無情」は、情（心）の無い事である。

最後に、ここまで来て、自然と私に思い浮かんだ事を、書いておきたい。

「無常」と言えば「もののあはれ」であり、「もののあはれ」と言えば紫式部の『源氏物語』であり、『源氏物語』と言えば、その本質を論じた本居宣長であるが、その本居宣長について、晩年に、長大な評論を書いた小林秀雄がいる。その大著『本居宣長』から、一節を引く。（引用からの引用である。）


「目に見るにつけ、耳にきくにつけ、身にふるゝ（ふれる）につけて、其（その）よろづの事を、心にあぢはへて（あじわって）、そのよろづの事の心を、わが心にわきまへしる（弁え知る）、是《これ》事の心をしる（知る）也、物の心をしる（知る）也、物の哀をしる（知る）也、其中にも、猶くはしく（なお詳しく）わけて（分けて）いはば（言わば）、わきまへ（弁え）しる（知る）所は、物の心、事の心をしる（知る）といふもの也、わきまへしりて（弁え知りて）、其（その）しなに（折りに）したがひて（乗じて）、感ずる所が、物のあはれ也」

（本居宣長「紫文要領」巻上）（小林秀雄『本居宣長』上（新潮文庫）157）

宣長は、物にも事にも心が有る、と考え、その物事の心を、感覚を通して、我が心が味わう、これが、物事の心を知る、という事であり、「もののあはれ」を感じる、という事なのである。そしてこれが、物事についての「認識」という事なのである。これが、宣長の「認識論」である。

宣長が「もののあはれ」という事で、何を意味していたか、という事については、小林秀雄の同著（一三二頁から一七七頁）に詳しい。委細はそちらに譲るが、ここでは、その一部を抜粋する。（これも引用からの引用である。）

「阿波礼といふ言葉は、さまざまいひかた（言い方）はかはり（変わり）たれ共《ども》、其《その》意は、みな同じ事にて、見る物、きく事、なすわざ（技）にふれ（触れ）て、情（こころ）の深く感ずることをいふ也。俗には、たゞ悲哀をのみ、あはれと心得たれ共《ども》、さにあらず、すべてうれし（といえ）共《ども》、おかし（といえ）共《ども》、たのし（といえ）共《ども》、かなし（といえ）共《ども》、こひし（恋し）（といえ）共《ども》、情に感ずる事は、みな阿波礼也。されば、おもしろき事、おかしき事などをも、あはれといへる（言える）ことおほし（多し）。」

（本居宣長「石上私淑言《いそのかみささめごと》」巻一）（155）

「あはれ」と使っているうちに、何時の間にか「あはれ」に「哀」の字を当てて、特に悲哀の意に使われるようになったのは何故か。「うれし（嬉し）きこと、おもしろ（面白）き事などには、感ずること深からず、ただかなし（悲し）き事、うき（憂き）こと、恋しきことなど、すべて心に思ふにかなわぬ（叶わぬ）すじ（筋）には、感ずること、こよなく深きわざ（業）なるが故」（本居宣長「玉のをぐし」二の巻）である、と宣長は答える。

（155–6）

宣長においては、「物事を認識する」という事は、我が心が、その物事の「心を味わう」、という事なのである。そしてそれは、その物事の「心を我が心とする」事ではないのか。すべては、そこから始まる。私はここに宣長の認識論の、若き西田幾多郎の認識論――「純粋経験論」――との限りない類似性を見る。

同じ論点を、私は、ベルクソンと西田幾多郎の間にも見る事ができる。この事は、藤田正勝『西田幾多郎——生きることと哲学——』（岩波新書、二〇〇七）に詳しい。少し長いが、以下に引用する。ここで引用するに値すると思う。

西田は、ベルクソンの名前については、かなり早い時期から知っていたが、その内容に深く触れたのは、『善の研究』に収められた諸論文をすでに書き終えていた一九一〇年から一一年の頃であったと考えられる。ちょうどその時期に西田は、「ベルグソンの哲学的方法論」、「ベルグソンの純粋持続」というエッセーを発表している。それらが収められた『思索と体験』の「序」で、次のように言われている。「京都に来た（一九一〇年）はじめ、余の思想を動かしたものは、リッケルトなどの所謂《いわゆる》純論理派の主張とベルグソンの純粋持続の説とであった。後者は之と同感することによって、前者は之から反省を得ることによって、共に多大の利益を得た」。（57–8）

この文章からはっきりと読みとれるように、ベルクソンの哲学は、西田により、自分の思想と共鳴するものとして、受けとめられた。西田がとくに「同感」をいだいたの

は、これらのエッセーのなかで言われているように、ベルクソンの「直観」の概念に対してであった。(58)

ベルクソンの言う「直観」とは、事柄を外から捉えるのではなく、事柄の中に入り込んで、内側からそれを捉えようとする態度ないし方法を意味している。逆に、事柄を外から捉えようとすることを、ベルクソンは「分析」という言葉で呼んでいる。「分析」とは、対象を既知の要素、言いかえれば他の対象と共通する要素に還元することにほかならない。それに対して「直観」は、動くもの、生まれつつあるもののなかに入り込み、その生命を失うことなく、それをその「動性」において把握することを意味している。(58)

このベルクソンの「直観」の立場について西田は、「ベルグソンの哲学的方法論」において、次のように解説している。「物自身になって見るのである……。従って之を言い現わす符号など(と)いうものはない。所謂言絶《ごんぜつ》の境である」。あるいは、「実在の真面目は到底外から之を窺うことはできぬ。唯之と成って内より之を知ることがで

きるのである（所謂水を飲んで冷暖を自知するのである）」と言われている。(59)

ここでは、ベルクソンの「直観」を説明するために、「物自身になって見る」、あるいは、「之と成って内より之を知る」ということが言われているが、それは同時に「純粋経験」を説明した言葉としても、受け取ることができるであろう。たとえば『善の研究』において西田は、精神と自然とを対置する立場を批判して、次のように述べている。(59)

我々が物を知るということは、自己が物と一致するというにすぎない。花を見た時は即ち自己が花となって居るのである。(60)

そしてこの、事柄を外からではなく、事柄自身になって、はじめて把握されるという考えは、初期の思想だけではなく、西田の思想全体を貫くものであった。後期の著作のなかでくり返して用いられる「物となって見、物となって考える」という表現が、そのことをよく示している。(60)

それでは西田は、リッケルトなどの所謂《いわゆる》純論理派からは、如何なる利益を得たのであろうか。この点については、藤田正勝の前掲書では、こう言われている。

一九三七年に『善の研究』の新しい版が刊行されたとき、西田は「版を新たにするに当たって」と題した序を執筆しているが、そのなかで二十一年前に出版されたこの書の内容を振り返って、「今日から見れば、此の書の立場は意識の立場であり、心理主義的とも考えられるであろう。然《しか》非難せられても致し方はない」というように書き記している。この点に西田が新カント学派の哲学者たちから迫られた反省は関わっている。(85)

この「純論理派」の人々の批判、つまり認識の問題を経験的・時間的なものに解消しようとする立場に対する彼らの批判は、『善の研究』において、意識現象こそ唯一の実在である、と主張した西田にも重いものとして受けとめられたと考えられる。そこから西田の思索の新たな歩みが始まったと言ってよいであろう。(86)

では、「西田の思索の新たな歩み」とは何か。それが、「場所」の哲学への歩み、である。しかし我々は、「仏性」を論じて、道元から宣長、ベルクソン、リッケルトと、脇道にそれてしまった。なお、言うべきことはあるけれども、ここらで、話を本筋にもどそう。

それにしても、一言、言いたいことがある。それは、西田が、『善の研究』の第一編「純粋経験」からしきりに言うところの、「統一的或者」のことである。テクストとしては、小坂国継全注釈の『善の研究』（講談社学術文庫、二〇〇六）を用いる。西田は、その第一章「純粋経験」の「五」において、こう言っている。

今なお少しく精細に意識統一の意義を定め、純粋経験の性質を明らかにしようと思う。意識の体系というのはすべての有機物のように、統一的或者が秩序的に分化発展し、その全体を実現するのである。(39)

これに対する小坂の注釈は、こうである。

「統一的或者」…「或無意識的統一力」と同義。普遍的意識の別名。西田は個々の経験の背後にある普遍的意識ないし統一力を「或無意識的統一力」「統一的或者」「或統一者」「潜在的或者」「潜在的統一者」「潜勢力」「潜勢的一者」「不変的或者」等、種々の名称で呼んでいるが、（……）。(41)

これを要するに、純粋経験を含め、「我々の意識」というものは、その背後に「統一的或者」が控えており、その支配下にあるのである。ここで私は思い出す。西田は、『善の研究』の「序」において、「純粋経験を唯一の実在としてすべてを説明してみたいというのは、余が大分前から有《も》っていた考えであった」と言っていたことを。実は西田は、『善の研究』において、「純粋経験を唯一の実在として」、すべてを説明しようとはしていなかったのである。西田は、「統一的或者」を密輸していたのである。その意味で『善の研究』は、堂々たる形而上学の書であったのだ。そして、そこに於いては、既に「一即一切・一切即一」という「絶対矛盾的自己同一」が展開されていたのである。

4 「生死《しょうじ》」——暫定的結語——

「人生論」と言えば、最終的には、「生死」について論じなくてはなるまい。そして実際、道元は、晩年に、仏道における生死のとらえ方を説く「生死」という巻を残している。以下に、その核心部分を引く。

生《しょう》より死にうつると心うるは、これあやまりなり。生はひとときのくらいにて、すでにさきあり、のちあり。かるがゆえに、仏法の中には、生すなはち不生《ふしょう》という。滅もひとときのくらいにて、又さきあり、のちあり。これによりて、滅すなはち不滅という。

（四）467）

難解であるが、私は、こう理解したい。

私は、今〈生きている〉、しかし、いつの日にか、必ず〈死ぬ〉。したがって私は、日々、死に向かって〈生きている〉のである、即ち私は、日々、「死にゆく私」なのである。私は、表から見れば「生きている」私であるが、裏からみれば「死にゆく」私なのである。この事を、鈴木大拙ならば「〈生きている〉即〈死にゆく〉」と言い、西田幾多郎ならば「〈生きている〉と〈死にゆく〉は絶対矛盾的自己同一である」と言うであろう。そして、同じ事を道元は、「生すなわち不生」と言い、「滅すなわち不滅」と言ったのではないか。

あとは、こう続ける。

生というときには、生よりほかにものなく、滅というときには、滅よりほかにものなし。かるがゆえに、生きたらばただこれ生（にむかひて仕える（生きる）べし）、滅きたらばこれ滅にむかひてつかふ（仕える）（生きる）べし。いとふ（厭う）ことなかれ、ねがふ（願う）ことなかれ。

（（四）467）

これを要するに、〈生死〉は、執着を捨てて、それと「自受用三昧」になって生きれば、〈不死〉になるのである。すなわち、道元禅師の教えに従って生きれば、「人生は不死だ」、というのである。

結局、私は、こう言いたかったのである。〈生（生きゆく）〉のときには、ただこれ〈生〉に、〈滅（死にゆく）〉のときには、ただこれ〈滅〉に、仕えるべし。嫌がることなかれ、願うことなかれ。

一口で言えば、執着を捨て、「自受用三昧」に生きよ！　これが、私の今の暫定的「結語」である。

5　補説（1）――「万物斉同の哲学」――

中国の古典に『荘子《そうじ》』という書がある。作者は、荘周。西暦紀元前三五〇年頃の人であり、ギリシアで言えば、プラトンとほぼ同年代である。難解であるが、非常に刺激的な書であり、特に私は、中でも「斉物論篇」という論考を好む。「斉物論」とは、「物を斉《ひと》しく見る論」の意味で、彼此《あれこれ》、是非《ぜひ》の差別観を超えて、万物を斉一に見ようとする論考である。例えば、こう言う。テクストとしては、『荘子』（第一冊、金谷治訳注、岩波文庫）をもちいる。

物は彼（あれ）でないものはないし、また物は此（これ）でないものもない。（此方（こなた）からすれば、全てが彼（あれ）であり、その全てがある彼方（かなた）からすれば、その全てが此（これ）である。）自分で自分を彼（あれ）とすることは（何を言っているか）分からないが、自分で自分を此（これ）としてわきまえることは、分かるものである。だから、「彼（あれ）は此（これ）から出てくるし、此（これ）もまた彼（あれ）によってあらわれる、」という。彼（あれ）と此（これ）とは、（あの恵施《けいし》の説く）方《ほう》生《せい》の説（――ちょうど一緒に生まれる、という説――）である。けれども、（恵施も説くように）ちょうど生まれることは、ちょうど死ぬことであり、死ぬことはまたそのまま生まれることである。（56）

早速、理解しにくい文章が出てきた。「生まれる事は死ぬ事であり、死ぬ事は生まれる事である」とは、どういう事か。私は、こう理解したい。「生きゆく事は、即ち、死にゆく事であり、死にゆく事は、即ち、生きゆく事である。」「生きゆく事」と「死にゆく事」は一つの事の表裏であって、したがって、「生きゆく事」（表）と「死にゆく事」（裏）は、同時に生じているのである。これが、「方生」という事である。

私は、ここに、西田幾多郎の云うところの「絶対矛盾的自己同一」の先駆けを見る。
最後に、金谷治氏による荘子の人生哲学についての解説を、かいつまんで、紹介しておきたい。

荘子の人生哲学は因循《いんじゅん》主義で一貫している。そして、それを基礎づけるものが万物斉同の哲学であった。　(7)

まず因循というのは、因《よ》り循《したが》うということである。例えば、「あれ」は、私がいる〈こなた〉から見ての「あれ」であり、その同じ「あれ」は、それがある〈かなた〉から見れば「これ」なのである。同じ一つの物が、それを見る視点により、「あれ」になったり、「これ」になったりするのである。

即ち、同じ一つの物についての指示の仕方は、視点に「因循」する（よりしたがう）、というわけである。

ガリレイに始まり、ニュートンを経て、アインシュタインに至って完成した近現代科学の基本的特質は、全てを「座標系」に於いて見る、という事である。この認識の構造は、西田幾多郎における「場所の哲学」においても見ることができるが、遡れば、荘子の「因循主義」にまで遡ることができるのであろう。

いったい、人々はこの現実世界のなかに、大小・長短・彼此（あれ・これ）・善悪・美醜・生死などといった、さまざまな対立差別のすがたを認めている。そして、人々はそれを現実の真のすがただと信じている。しかし、と荘子は考える。それは、人間のかってな認識、小ざかしい判断であって、客観世界の真実のすがたではない。彼（あれ）と此（これ）との違いは、こちらの場所を変えればたちまち逆転して、さきの彼が今や此になり、さきの此が今や彼になるではないか。善悪、美醜の価値判断はなおさらいうまでもない。美人の美しさは、鳥や魚には通用しない。してみると、すべての対立差別は一時的で相対的なかたちにすぎないであろう。それなのに、人は愚かにもそれを確実なものと考えて、その差別のすがたにとらわれ、そのために無用の苦しみをくりかえしているのだ。人間の我執がこの現実界の差別を作っているだけのことで、いかに大きな違い、きびしい対立と見えることでも、それらの間に「道は通じて一つ」なのである。人間の小ざかしい知恵分別を捨てよ。偏見を去り、執著を棄て、

さらには人間という立場をも放ち棄ててこの世界の外からふりかえるとき、もはや生死の区別さえもが消え去るであろう。（9）

万物斉同の哲学は、要するに、差別的な現象の奥にあってそれらをつらぬいている同一性（絶対矛盾的自己同一性）としての絶対的な理法に注目するのである。その理法すなわち道の中心――道枢《どうすう》――に立つとき、はじめて一切が無差別無対立だという真理の相が明らかになる。そして、それを悟ってそこに安住するものこそ、「真人」「至人」「聖人」とよばれる理想人であった。人としての生き方は、従って、現象にとらわれて相対的な価値を追求することをやめて、絶対的な「自ら（おのずから）然る」（自然法爾）の道理に身をまかせてゆくばかり、（なの）であった。（9–10）

V　補説（2）

1　「絶対無」について

以下において私は、井筒俊彦の長大な論文「意識と本質――東洋哲学の共時的構造化のために――」（『井筒俊彦著作集6』中央公論社、一九九二所収。『意識と本質』岩波文庫、一九九一にも所収）の中に、西田幾多郎言うところの「絶対無」の一つの姿を見出したい、と思う。先ず、次の文を引用する。それは、『無門関』四十三則、「首山竹篦」からの井筒の「引用」からの再「引用」である。

首山省念、あるとき竹篦《しっぺい》（長さ約三尺の割竹に籐《とう》を巻いたもので、師家《しけ》が手にして大衆の迷妄を打ち砕くために用いる具）を（中略）（取り）出してきて大衆の前に突きだして言う、「汝等諸人《しょにん》、もし喚（呼）んで竹篦と作《な》さば、即ち触《ふれ》る。喚（呼）んで竹篦と作《な》さざれば、すなわち背く。汝（等）諸人且《しば》らく（とりあえず、速やかに）言え、喚（呼）んで甚麼《なに》とか作《な》す（竹篦となすのか、なさないのか）」と。（113）

ここにおいて、竹篦となせば、実在真相の絶対無分節に抵触し、さればといって、竹篦となさなければ、現実にそれが竹篦として働いているという疑うべからざる経験的分節に違反する。（註）そこで井筒は、以下のように続ける。

いずれにしても、このような形で提示された、存在の（無名なる）絶対無分節と（有名なる）経験的分節との同時現成（二重写し）こそ、禅の存在論の中核をなすものだ。「無」とか「無心」とかいうと、絶対無分節だけに重心がかかるけれど、それだけでは禅の存在論でもなく、禅の意識論（認識論）でもない。絶対無分節者でありながら、しかも同時に、それが時々刻々に自己分節して、経験的世界を構成していく。（無名な絶対無分節者（渾沌）と、それを分析して、名前が与えられた経験的有分節者、）その全体こそが禅の見る実在の真相だ。（何とも言えない）無分節（なるもの）がそのまま、その全存在エネルギーを挙げて自己分節する。無分節（無名）と分節（有名）との間に一毫の（髪の毛一本の）間隙も置かれてはならない。電光石火。無分節（無名）態すなわち分節（有名）態。（両者の関係は、「無名」「有名」の関係――「名前」を有しないか、有するか、の関係――であって、ものの介入によるものではない。このように、）両者の間に一毫の（髪の毛一本の）間隙もないということは、しかし、（ものとしての）「本質」の介入を許さないということだ。（ものとしての）「本質」が介入してこない、無「本質」のままでの存在分節、それが禅の問題にする存在分節である。絶対無分節の存在リアリティーは、いまここでは竹篦（原文では拄杖《しゅじょう》、以下同じ）として自己分節している。目

註：一言、付言する。ここにおいて、竹篦と呼ばれているものからその名前「しっぺい」を剥奪して、無名のものにした場合、そのものは「絶対無分節（渾沌《こんとん》）」と言われる。これが実在の真相である。しかし、現実には（経験的には）、我々は、そのものに「しっぺい」という名前を与えて、用いている。すなわち我々は、そのものに竹篦という「経験的分節（経験的アーティキュレーション、顔）」を与えているのである。

の前に一本の竹篦がある（突き出されている）。だが、それは竹篦であるのではない。（ものとしての）「本質」で固定された竹篦ではない。（それは、経験的には、）ほかの何でもあり得るのだ。　（傍点は引用者）（114）

禅者の好んで引用する『維摩経』の一文、「無住（無名）の本《もと》より一切の法（もの）が（原文では、を）立つ」は、この存在風景の構造を一言で喝破する。経験界（有名界）、そこにあらゆるものが存在している。この点までは普通の見方と同じ。但し、それらのものの成立するのは、ひたすら「無住（無名）の本《もと》より」である。無住、つまり（更に）依拠するところ（住む処）がない、もののものとしての（最終的な）存在根拠、すなわち「本質」、がない。（しかし）無「本質」でありながら、しかもそれぞれのものがそれぞれのものとして（そこから）現象している、それが経験的世界だ、という。（115）

禅には禅独特の表現法があるので、この（――経験的世界の有「本質」的分節に対する――）無「本質」的分節の事実（について）の描写もさまざまである。例えば、圜悟克勤、「体（絶対無分節的実在）（の真相は）虚空のごとくにして、辺量を窮むることなく、古に亙り今に亙る。（絶対無分節なる真実在は、虚空の如くにして、古今東西に窮まりなし。）」（115）

いずれにせよ、禅者の言う事は難解である。それでいま一つ、『碧巌録』第二十七則として世に有名な問答からの、井筒による「引用」を再「引用」する。

人あって雲門文偃《ぶんえん》に問う、「樹凋《きしば》み葉落つる時、如何。」
師曰く、「体露金風」

井筒は、これをこう解説する。

「樹しばみ葉落ちる時」、満天下寂寞たる秋景色、木はしばみ、葉は落ち尽して、（何一つ）目に立つ（目立つ）ものもない。蕭颯と（して）秋風（金風）吹き渡るこの無一物の（名前を、即ち、本質を持つものが一つもない）荒野に、（一本の）大樹がその体（本体）を露出する。（中略）あらゆる経験的事物の分節（名前）の落ちきった実在の地平に、本体、すなわち絶対無分節者が自らを露わにする。だが、絶対無分節の「本体（渾沌）」がそっくり露わになる、その瞬間に、それ（渾沌）はすでにさまざまな事物として（経験的に）自己分節しているのだ、しかも全然「（経験的）本質」によって凝固させられることなしに。（傍点は引用者）（116–7）

依然として難解ではあるが、それはそれとして、この解説は、私なりに理解できる。

しかしこの小論の主題は、「絶対無」について、であるので、ここから、この主題にはいる。とはいえ、実はもう、結論は出ているのである。私は、井筒俊彦の言う「絶対無分節者」に、即ち、分節の「絶対無」なるものに、西田幾多郎の云う「絶対無」の一つの姿を見出した、と思うのである。「絶対無分節」なる、絶対に名無しの、渾沌とした、しかし、これこそが真実在なる世界、これこそが、西田幾多郎の云うところの「絶対無」ではないのか。我々は、そのような世界に直面して、個々のものに名前をつけ、混沌を整序し、経験的に分節して、この「経験世界」を作り上げてきたのである。そしてそこには、人類発生以来の、長い長い歴史があったのである。

「絶対無」とは「絶対無分節」のことと見つけたり。

2 「二重写し」・「同時現成」・「重ね書き」・「矛盾的自己同一」について

「矛盾的自己同一」とは、一口で言えば、先ず、「自己同一」なる一つのものがあって、それが、何らかの仕方で「矛盾」した二つ（乃至無数）の側面を示すとき、それは「矛盾的自己同一」である、と言う。この事は、「一つの主語が二つ（乃至無数）の矛盾する述語を持つとき」と言ってもよい。これに対し、「二重写し」とか「重ね書き」とか言うものは、逆に、先ず二つのものがあって、それを重ねて、一つのものとして、一挙に見る、ということである。例えば、不透明な紙に「イ」と書き、もう一枚の、今度は透明な紙に「ム」と書いて、前者に後者をうまく重ねて上から「見る」と、そこに「仏」という一字が見える、というのがそれである。では井筒俊彦が、存在の「絶対無分節」と「経験的分節」との「同時現成」（「意識と本質」114）と言うときには、どうであろう。この場合には、

「絶対無分節」が「自己同一」なる一つのものであって、「経験的分節」がそれの（多くの）側面である。此処では、一つの「絶対無分節」に対して、複数の「経験的分節」があり得る。そしてこの事は、一つの「絶対無分節」は、複数の「経験的分節」をその側面として示すことが出来る、という事である。即ち、一つの「絶対無分節」は、複数の「経験的分節」において、「矛盾的自己同一」なのである。

もう一例を挙げよう。人間についての生理学というものは、生身の四次元の身体（動く身体）に、言わば、それをカンバスにして、その四次元構造を描き込む、という作業である。ここで行われている事は、生身の四次元身体に対する、生理学が教える四次元身体の「重ね書き」、なのである。大森荘蔵ならば、そう言うであろう。

以下は、井筒俊彦の論文「意識と本質」からの引用である。

（形而下的）表層意識の次元に現れる事物、そこに生起する様々の（経験的）事態を、（形而上的）深層意識の地平に置いて、その見地から眺めることの出来る人。表層、深層の両領域にわたる彼の意識の形而下的・形而上的地平には、絶対無分節の（形而上的）次元の「存在」と、（形而下的な）千々に分節された「存在」とが、同時にありの

ままに現れている（現成している）。（16）

「常に無欲、以て其の妙を観、常に有欲、以て其の徼《きょう》を観る」と老子が言うのはそれである（『老子』一）。（16）

この文は、（中略）「名無し、天地の始。名有り、万物の母」に続く（ものである）。（16）

「常に無欲」とは、（形而上的）深層意識の本源的なあり方。常に無欲、すなわち絶対に執着するところのない、つまり（「名無し」であるがゆえに、）名を通して対象として措定された何ものにも執着しない、「廓然無聖《かくねんむしょう》」（「からっとして、聖俗の区別に捉われない」）的、「本来無一物」的意識状態である。（16）

「以て其の妙を観」とは、そういう（中略）意識（状態）（中略）によって「その妙」すなわち絶対無分節的「存在」（「道《どう》」（万物の根源））の幽玄な真相が、絶対無分節（的にそ）のままに観られる（という事である）。注意すべきは、（中略）この「妙」は「無名」

だということである。名がない、とは分節線がない、「本質」がない、ということ。この境位にある意識に現れる「存在」には、どこにも「本質」的区分がない。まさしく言語脱落、「本質」脱落の世界。それを老子は「妙」という言葉で表現する。(17)

これに反して表層意識の見る世界は、「存在」がいろいろな名によって、つまり言語的に、分節され、様々な事物がそれぞれ「(経験的な)本質」によって規定された存在者として生起してくる世界、「徼」の領域である。「徼」とは、明確な輪郭線で区切られた、はっきり目に見える形に分節された「(形而下的)存在」のあり方を意味する。そして、そのような世界を見る意識、表層意識を、老子は「常有欲」という。「常有欲」とは、ものに執着する心のあり方。存在論的にいえば、様々なものを「本質」的に措定して、どこまでもそれらをありとする意識である。(17)

(欲の対象としての)「本質」のない(形而上的)世界と、無数の(そのような)「本質」によって形成されたものの(形而下的)世界(経験世界)と——この二つの「存在」の次元が、ここでは鋭く対立しつつ、しかも一つの「存在」地平のうちに均衡を保って融和している（同時現成している）。「本質」によって区劃された事物の充満する世界を、無「本質」の世界を見た人の目が静かに眺めている。「常有欲」と「常無欲」が一つの意識構造に円成する。互いに根本的に異質でありながら、「常有欲」と「常無欲」との間には致命的な断絶がない。言語が脱落し、「本質」が脱落して、一切のものの符牒がなくなって（例えば、ダイヤモンドと路傍の小石の区別がなくなって）も、（完全に無私、無欲な）この哲人の意識には、なんの困惑もなければ戸惑いもないのだ。（17–8）

（無分節の）深層意識と（有分節の）表層意識とを二つながら同時に機能させることによって、「存在」の無と有とをいわば「二重写し」に見ることのできる、こうした東洋的哲人のあり方を、僧肇《そうじょう》（三八四―四一四）は次のように描き出す。曰く、（中略）聖人はその意識を空洞にして（「……の意識」としての表層意識が志向する対象を払拭して（対象のないという意味での）無意識の次元に立ち、その見地から経験的世界を見るので）、いかなるものも「本質」によって固定された客体として認知することなく、従ってまたそのようなものとして意識することなく、実際に活動する日常的現実の世界に身を処しながら、しかも無為（自然）の境地（良し悪し・美醜・勝ち負け・高価か否か・等々、要するに、そのような対立の無い、ありのままの世界）、にとどまり、あらゆるものがそれぞれの名を通して分節された世界の中におりながら、しかも言語の「本質」喚起作用（に左右される事なく、それ）を超絶したところに住んでいるのであって、その境位は、ひっそりと静まりかえって（いて、欲望の対象になるような）ものの影すらなく、形象とコトバで捉えられるような（世俗的な）ものは一つだにない——およそ、そんな世界に聖人は住んでいるのである。(18)

様々に分節された事物の世界の中に、そうした事物に取り囲まれ、そうした事物に接して（を用いて）生きながら、しかもそれらの分節の存在中核に、それぞれを一つのものとして凝固させる「本質」を認めない、ということの聖者的あるいは至人的態度は——しかもそれらの分節形態が経験的事実として彼の目に現前している以上——当然、それら（「分節形態」）はただそういう形で現れているだけで、本当はないものであり、いわゆる「本質」は虚構である、という考えに導か（れ）ざるを得ない。ここに、大乗仏教特有の徹底的な（経験的・形而下的）本質（の）否定が、「本質虚妄説」として出現してくる。『般若経《はんにゃきょう》』以来、ナーガールジュナ（龍樹）の中観を通って唯識へと展開する大乗仏教の存在論の主流の、これ（――「本質虚妄説」――）が、（その）中枢的テーゼをなす「空観」（――「万物は無自性空である」――）である。(19)

そうであるとすれば、「空」とは「無自性」の事であり、「無自性」とは「絶対無分節」の事であるすれば、「空」とは「絶対無分節」の事である、という事になる。さきに私は、「「絶対無」とは「絶対無分節」のことと見つけたり。」といったが、今度はここで、

「空」とは「絶対無分節」のことと見つけたり、

と言いたくなる。いずれにしても、存在の窮極的根源は、「絶対無」と言われても、「空」と言われても、結局は同じ事であって、まとめて言えば、「絶対無分節」なるもの、ではなかろうか。既成の概念で言えば、老子が言うところの「道《どう》」あたりか。

ここで、老子が言うところの「道」について、解説しておきたい。と言っても、それは、金谷治の『老子』（講談社学術文庫、一九九七）所載の、金谷氏による解説の一部「二　老子

の思想」の中に在る一節「この世界を支えるもの」からのものである。

老子の思想の深みは、「道」の思想によって明らかになる。老子の「道」は、それまでとはまったく違った新しい意味を帯びて登場した。それまでの儒家の「道」は、道義的な実践の拠り所として、はっきりと指し示された道《みち》であった。しかし、老子の「道」は、見えもせず聞こえもせず（第十四章）、恍惚（ぼんやり）として捉えどころがなく（第二十一章）、したがって、名づけようもないもの、である（第一章）。だから「道」というのも仮の呼び名にすぎない。「無」とか「無名」とかと呼ばれるのも、そのためである。（第四十章・第四十一章・第三十二章）　（258–9）

しかし、これこそが、この宇宙の全体をつらぬく唯一絶対の根源者として、大きなはたらきをとげている「一《いち》」であり、「大」である（第三十九章・第二十五章）。そして、天地万物を生み出す始源として、また「母」とも呼ばれている（第五十二章）。老子にとって、これこそが真実の世界であった。世俗の現象世界（経験世界）にとらわれてはいけない、と言うとき、老子はこの空々漠々たる無限定無制約の「道《どう》」の世界に入

れ、と言っているのである。それは、天地の根源への復帰であった。（259）

老子は、復帰ということの重要性を、しばしば力説する。（259）

「いったい物は盛んに繁茂しているが、それぞれにその生まれ出た根もとに帰っていくものだ。根もとに帰るのは深い静寂に入ることだ、といわれ、それはまた本来の運命に立ち戻ることだ、とも言われる。」（第十六章）（259）

（これは、）哲人による世界の真相の洞察である。万物は生成を続けてやまないが、それはただ真っ直ぐに伸びていくだけではない。実は、（それは）生成の始源へと復帰する動きでもある。万物が生まれ出てきたその元の始源、定かではないけれども無限の深みをもった静けさの世界。それこそ「道《どう》」の世界そのものでもあるだろう。現象に流されることをやめて、人はこの根源に復帰すべきだといわれる。（259）

「道《どう》」は、老子の思想の核心である。（道への）復帰は、その「道」の立場への合一で

あった。「道」を体得して、それとの冥合を果たすことが、老子の強調する（人生）窮極の目標であった。（260）

「道《どう》」が何であるか、ということは、本来、言いあらわせないものである。それは名を越え、論理を越えたものであった。「道」（についての説明が曖昧模糊として、時に詩的幻想的な表現になっているのは、むしろ、そうした形でしか表せないからであった。ただ、それは、はっきりしないけれども、この現象世界を根柢で支えている根源的な何かだということは、確かである。万物生成の始源として、あるいは、万物の存在をささえる秩序原理として、それは、この現象世界に即して活き活きと働いている。（260）

「老子」の「道」には、存在の始源としての「道《どう》」と、それと冥合したときに現れる、無為自然な人としての「道《みち》」の、二つがある。「道」と言う時、そのいずれであるかは、前後関係から、あきらかであろう。そして勿論、本稿で話題にしていたのは、存在の始源としての「道《どう》」のほうである。

さて、「二重写し」・「同時現成」・「重ね書き」・「矛盾的自己同一」、この論点をより明確にするために、再び、井筒俊彦の別の論文「事事無礙・理理無礙——存在解体のあと——」（『井筒俊彦著作集9　東洋哲学』中央公論社、一九九二）から引用をしたい。（これは、「エラノス学会」での一般公開講演なので、デスマス調である。）

日常的経験の世界に存在する事物の最も顕著な特徴は、それらの各々が、それぞれ己の分限を固く守って自立し、他と混同されることを拒む、つまり己の存在それ自体によって他を否定する、ということです。華厳的な言い方をすれば、事物は互いに妨げ合うということ。Aには A の本性があり、BにはB独自の性格があって、AとBとはそれによってはっきり区別され、混同を許さない。AとBの間には「本質」上の差違がある。Aの「本質」とBの「本質」とは相対立して、互いに他を否定し合い、この「本質」的相互否定の故に、両者の間にはおのずから境界線が引かれ、Aがその境界線を越えてBになったり、Bが越境してAの領分に入ったりすることはない。そうであればこそ、我々が普通「現実」と呼び慣わしている経験的世界が成立するのであって、もしそのような境界線が事物の間から取り払われてしまうなら、我々の日常生活は、それの成立している基盤そのものを失って、たちまち収拾すべからざる混乱状態に陥ってしまうでありましょう。（129）

森羅万象――存在が数限りない種々様々な事物に分かれ、それぞれが独自の「名」を帯びて互いに他と混同せず、しかもそれらの「名」の喚起する意味の相互関連性を通じて有意味的秩序構造をなして拡がっている、――こんな世界に、人は安心して日常生活を生きているのです。（129）

つまり、事物相互間を分別する存在論的境界線――荘子が「封」とか「畛《しん》」（原義は、耕作地の間の道）とか呼んだもの――は、我々が日常生活を営んでいく上に欠くことの出来ないものでありまして、我々の普通の行動も思惟も、すべて、無数の「畛」の構成する有意味的存在秩序の上に成立しているのであります。（130）

ところが、事物を事物として成立させる相互間の境界線あるいは限界線――存在の

「畛」的枠組みとでも言ったらいいかと思いますが——を取り外して事物を見るということを、古来、東洋の哲人たちは知っていた。それが東洋的思惟形態の一つの重要な特徴です。
（130）

「畛」的枠組みを外して事物を見る。ものとものとの存在論的分離を支えてきた境界線が取り去られ、あらゆる事物の間の差別が消えてしまう。ということは、要するに、ものが一つもなくなってしまう、というのと同じことです。限りなく細分されていた存在の差別相が、一挙にして茫々たる無差別性の空間に転成する。この境位が真に知覚された時、禅ではそれを「無一物」とか「無」とか呼ぶ。華厳哲学の術語に翻訳して言えば、さっきご説明しました「事」に対する「理」、さらには「空」、がそれに当たります。
（130）

しかし、それよりもっと大事なことは、東洋的哲人の場合、事物間の存在論的無差別性を覚知しても、そのままそこに坐りこんでしまわずに、またもとの差別の世界に戻ってくるということであります。つまり、一度はずした枠をまたはめ直して見る、ということです。そうすると、当然、千差万別の事物が再び現れてくる。外的には以前とまったく同じ事物、しかし内的には微妙に変質した事物として。はずして見る、はめて見る。この二重の「見」を通じて、実在の真相が初めて顕わになる、と考えるのでありまして、この二重操作的「見」の存在論的「自由」こそ、東洋の哲人たちをして、真に東洋的たらしめるもの（少なくともその一つ）であります。

（131）

3　道元の「有時」について ——「同時炳現」——

井筒俊彦には、「創造不断——東洋的時間意識の元型——」という、比較的長い小論がある。そしてその中に、「道元の「有時」について」という一節がある。『井筒俊彦著作集9　東洋哲学』（中央公論社、一九九二）に収められている。そこに於いては、さきに私が取り上げた「同時現成」と同趣の、「同時《どうじ》炳現《へいげん》」（同時に明かに現れる）という事が論じられているので、ここで取り上げる。大いに参考になると思う。私にとっては、道元の「有時」は、難攻不落であったからである。

世界が（時々）刻々に生起している。その世界現出を身をもって体験しつつある我々自身を含めて、全存在世界は、時々刻々に、新しい。創造不断。イブヌ・ル・アラビーはそれを「新創造」と呼び、道元は「有時《うじ》経歴《きょうりゃく》」と呼ぶ。（229–30）

（世界の、時々刻々の生起、）時々刻々の創造。（では、）「時々刻々」とは何か。「時々刻々」に、一体、何が起こるのか。「創造」とは、イブヌ・ル・アラビーにおいては、一瞬一瞬に新しい、神の自己顕現であった。そして神の自己顕現とは、この場合、（忽然とではなく、神による）絶対無分節者の自己分節的、自己限定的、現出を意味した。だが、道元の世界には神はいない。創造主はいない。だから必然的に、ここでは、「創造」は（中略）時間の自己創出、存在の自己創造を意味するほかはない。おのずから、（『起信論』的表現を使って言うなら）忽然と、時間が現れ、存在が現れる。時間が存在として、存在が時間として、現成するのだ。時間・即・存在。時即有の忽然生起。この根源的直覚を、道元は、「有時」「経歴」というキータームを通して壮麗な思想体系に展開していく。（231）

要するに、我々が、（時計の秒針の動きを見る場合が、そうであるように、）普通、切れ目のない連続した一条の流れとして表象しがちな時間なるものを、（心を静め、心をこらして対象を観る）観想意識の目で見た場合（には）、それが「創造不断（絶え間ない創造）」、前後際断（前後断絶）的「瞬間」の非連続的連続、「時時のつらなり（一瞬、一瞬の、粒々の、連なり）」、として現れてくる、という事なのである。（233）

ここで少し脇道にそれて、「観想意識」について、説明しておきたい。井筒は、こう言う。

もともと『華厳経』は、仏陀が「海印三昧」といわれる特殊な三昧（観想意識）の深みから語り出したコトバの記録である、と伝えられている。（202）

では、「海印三昧」とは何か。

「海印三昧」（とは）――波（日常的意識の生起、「こころの乱れ」）ひとつなく静まりかえった（「止観」の止の形象化）海面の茫洋たるひろがりにも譬えるべき観想者の心の鏡上に、森羅万象、一切の存在者が、ありのままに、一点のひずみもなく、姿を映し出す。存在世界のあらゆるものが、同時に、その真相（＝深層）を露呈する。（中略）まさに totum simul（「すべてが同時に」）の境位、密教の胎蔵マンダラに具現する「一切一挙」、万物の一挙開顕の観想的風光（に浸る）、（これが「海印三昧」）である。（202）

そして、これが「観想意識」なのである。したがって、観想意識は、「止観」――表層意識の騒乱を止め、静かに澄み切った内眼で存在世界の真相（深層）を観つめる（204）こと――によって、達成される。私は、「観想意識」には、余計な事ながら、「海印三昧による」という形容詞をつけたくなる。

ここから、本筋に戻る。

しかしながら、時間に対する観想意識の見方は、以上述べたことに尽きるわけではない。観想意識は時間を、これ（――「非連続的連続」――）とはまったく異なる見方で見る事を知っている。しかも、その第二の見方の露わにする時間のあり方を見た上で、そこから翻って観察しなおすとき、はじめて我々は、「創造不断」の真相（＝深層）を垣間見ることが出来るようになるのだ。（中略）時々刻々の世界出現としての時間は、「創造不断」の、いわば表面的形式であって、それだけでは「創造不断」の内容はわからない。「時々刻々」の時、すなわち刻々に現成していく時の一念、の内部構造を知るためには、どうしても「時々刻々」的時間のあり方を超えたところに出てみなければならない。それを可能にするものが、これから述べようとする時間にたいする第二の見方なのである。（233）

「時々刻々」を超えたところに生起する第二の観想的時間意識。それを私は、仮に、マンダラ的――より正確には、胎蔵マンダラ的――時間意識と呼ぶ。常識的に言えば、それは時間ではなくて、むしろ無時間であり超時間である。このような内的状態にあるとき、人はもはや時間の中にはいない。時間を超越している、という。だが、それは本当に時間を超えること、あるいは無時間性の体験なのであろうか。（233）

一般に大乗仏教では、人がそんなに簡単に「時間を超え」たり、「時の彼方に行」けるとは考えていない。むしろ、逆に、不可離的に時間と絡みあっている。存在は、本性的に、時間的である。存在するとは時すること。端的に言えば、（中略）存在は時間（「有」＝「時」）なのである。（234）

このように言うと、何か非常に奇妙に見えるかもしれないが、或る意味では、非常に常識的なのである。ものは、ゼロではない時間に於いてある、のである。何であれ、「ものがある」と言う以上、それは、ゼロではない時間的経過に於いてある、のでなくてはならない。これは、誰の目にも明らかな事、ではなかろうか。時間経過ゼロに於いては、ものはあり得ない。「あるものが一瞬存在した」という事が意味をなす、とすれば、その「一瞬」とは、「時間経過ゼロ」ではなく、「時間経過無限小」という事なのである。ここで何が言われているか、という事は、数学の「微積分」をご存知の方には、あきらかであろう、と思う。また、逆に、時間はものの変化に於いてあるのである。「時が経過する」という事は、「ものが変化する」という事なのである。存在と時間は、「矛盾的自己同一」であり、「隔法異成」なのである。

> 一般に仏教では、ものを離れて、それだけで独立した時間というようなものは認めない。時間の（「過去」・「現在」・「未来」という）内的区分相互間の関係が「隔法異成」的であるばかりでなく、時間と存在も「隔法異成」的に（つまり、相異なることによって互いに他を排除し合う二つのもの［隔法］が、矛盾しあいながら、しかも相即相入して一となる［異成］、という仕方で）一体なのであって、時間の構造に関する原理と、存在の構造に関する原理とが違うはずがないのだ。（242）

「隔法異成」、これこそまさに「矛盾的自己同一」という事である。

ここで鍵概念になるのが、「相即相入」である。では、「相即相入」とは何か。ここで鍵概念になるのが、「事事無礙」である。私は、以下において、井筒の説明を用いながら、「事事無礙」を通じて「相即相入」を理解しようと思う。

> 日常的意識にとっての現実、つまり我々すべてが現にそこに生きている経験的世界（中略）、その経験世界の現実が、華厳的観想意識の目を通すと、「事事無礙」という、

およそ日常的意識から見ては非現実的としか考えられないような様相を露呈するのである。（243）

元来、日常的意識の見る世界の、存在論的に最も基本的な特徴は、すべてのものが、それぞれ、そのもの自体として独立し、他の一切のものと混同されないということである。AはAであり、BはBであって、AとBとは互いに他を拒否し、障礙し合う。これは経験的存在世界の素朴な事実なのであって、華厳もそれを頭から否定することはしない。だからこそ「隔法」というような術語が使われるのだ。道元の言葉で言うなら、薪はどこまでも己の「法位」を守って薪であり、薪が変わって灰になるということはあり得ない。冬が春になり、春が夏になる、ということがないように。（244）

だが、華厳は、AはA、BはB、という同一律的事態を認めつつ、しかもその反面、それと同時に、AとBとの相互浸透を説く。それが経験的世界の存在論的真相である、というのだ。すなわち、Aというものは、自己の「法位」（存在論的位置）において、あくまでAであることは認めるけれども、そのAというものを、自己完結的な、一つの閉ざされた実体的システムとしては考えないのである。閉ざされた実体ではなくて、反対に、あらゆる他のものにたいして限りなく開かれた存在単位と考える。このような観点から見たもののあり方を、華厳や禅について語る機会のあるたびに、私（井筒俊彦）は「存在論的透明性」(ontological transparency) と呼んできた。(244)

ここで私（黒崎）は、ライプニッツの「単子（モナド）論」を思い出さざるをえない。「単子」とは、一口で言えば、「それを表す真なる概念を全て有するもの」のことである。したがって、二つの単子がある場合、その両者には共通の概念が含まれている、という事が大いにあり得るわけである。この場合、その両者は、部分的にしろ「相互浸透」している、と言えるわけである。そして、このような考え方の背後には、「ものがある」という事は、「そのものが（内的にしろ）語られてある」という事である、という事が含まれている。そして勿論、この思想は、後のウィトゲンシュタインの「言語ゲーム論」につながる。華厳は決して古臭くはない。むしろ、全く新しい（拙著『悪の起源――ライプニッツ哲学のウィトゲンシュタイン的理解』春秋社、二〇一七を参照）。ただし、この様に理解された「存在論的透明性」は「部分的」であって、井筒における「存在論的透明性」は「全面的」である。

しかし、この不一致は、井筒自身によって解決されている。二つのものAとBがあった場合、Aを表す概念の中には、「AはBではない」という事が含まれているからである。即ち、Bを表す概念の全てが、含まれているからである。そして勿論、同じ事が、AとBを逆にしても言えるわけである。したがって、AとBにおける「存在論的透明性」は、「全面的」なわけである。Aの中にはBの全体が浸透し、Bの中にはAの全体が浸透しているのである。勿論これは、物理的に、ではなく、概念的に（意味的に）、である。しかし、「概念的に（意味的に）」という事は、「存在論的に」という事であり、これは「物理的に」に先立つ事である。かくして我々は、万物の「存在論的透明性・存在論的相互浸透」に到達したわけである。

すなわち、AはBに対して存在論的に透明であり、逆にBはAに対して存在論的に透明である、ということ。言うまでもなく、AとBとの相互透明性とは、華厳のいわゆる「事事無礙」概念を、比喩的に視覚化したものにすぎない。要するに、AとBとは、互いに融通無碍であるということだ。勿論（これは）、AとBの二つだけの（間の）関係ではない。存在世界のあらゆるものについて、AはB・C・D・E等々のすべてに

浸透し、逆にまたB・C・D・E等々は、すべて同時にAに浸透する、というのである。(244)

以下、この存在論的事態の構造を、もう少し(具体的に)理論的な形で考察してみよう。説明の便宜上、全存在世界が、A・B・C・D・Eという五つのもので尽くされていると仮定する。さらに、今、我々の眼前に、Aだけが現前していると仮定しよう。例えば、現に一輪の花を私は見ている。花は花である。すなわち、AにはAとしての存在論的自己主張がある。しかも、仮定によって、A(花)以外の何ものも、現前していない。(245)

だが、現に私の目にAだけしか見えていない、という(この)知覚的事実を、直ちに、A以外のもの(B・C・D・E)が現前していない、というふうに取ってはならない、と華厳哲学は主張する。現前していない、のではない。B・C・D・Eは、すべてAの構成要素として、Aの内部に入りこんでいる。但し、積極的、自己主張的にではなく、自己否定的に、隠れた形で。そうでなければ、AそのものもAとして存立することが出来ないのだ。だから、今、私の目の前にAが現前しているということは、B・C・D・Eも、同時に、そこに、自己否定的な状態で現前している、ということなのである。そして、これと全く同じ事が、Bの内部構造においても、C・D・Eのどれにおいても、認められる。（Bの内部には、A・C・D・Eが内在しているのだ。）すべてが、すべてに繋がっている。一つのものがここにあれば、他の一切のものがここにある（「老梅樹の忽（然と）開華のとき、華開（ひらいて）世界（生）起なり」――道元）。このような融通無礙の内的構造をもちながら、しかしなお、AはAであり、BはBであって、それぞれの「法位」が失われることはない。「一即多、多即一」ということの、これが華厳的（世界）解釈である。（245）

こうして、一切のものの相即相入によって、重々無尽の多層的存在構造が現出する。華厳独自の、絢爛として重厚な世界像だ。（245）

存在のこの側面を形象化するために、華厳は、よく宝玉の比喩を使う。互いに他を映し、他に映されつつ、限りなく拡がっていく光の網。（246）

例えば、ここに二つの宝玉AとBがある。Aからでた光がBに当たって、反射する。すると、Aの像がBの内部に生じる。（鏡の場合を考えよ。）次に、Bに当たって反射した光がAに当たると、今度は、Bの像がAの内部に生じる。しかしその像は、内部にAの像を有するBの像なのである。その光がまた反射してBに当たると、今度は、内部に、Aの像を有するBの像を有するAの像が生じる。かくしてこの過程は、無限に続く。しかも、そこにあるすべての宝玉間において。この、目もくらむような世界こそ、華厳が提示する無限に深い絢爛豪華な光の世界なのである。

　要するに、この世は、「一即一切、一切即一」なのである。一切は一の中に反映され、一は一切の中に反映される。そして、こう言われる。

> 一粒の砂に全宇宙が含まれる、という。この存在世界にあるいかなるもの、どんなに微細、微小なものにも、存在性の限りない深みがある。無限の光源から発出する光の重なりのイマージュによって象徴的に呈示される華厳的世界では、ひとつ一つのものに一切のものが融入し、その限りない多層的存在性において、（或る意味）一つのもの

がすべてのものであり、すべてのものが一つのものなのである。（246）

ここまで来れば、既に明らかではなかろうか。「個物」は、他の一切の「個物」を自己の内に反映し、同時に、自己を、他の一切の「個物」の内に反映するのである。これが、この世界の、「根源的存在構造」である。そしてここでは、時の流れは、考える必要がない。ここで必要なのは、非時間的に、その「根源的存在構造」を洞察する事である、「その全体を同時に一挙に」洞察する事である。するとそこに、この世界の真相（深層）が「同時炳現」(totum simul) する。

井筒は、こう言う。

> 高々たる山頂に立って、千峰万峰を足下に見はるかす人。（その時、そこに展開する）山と山とのあいだ（事態）に（は、）時間的先後はない。（確かに、その人が）この山頂に辿りつくまでの日々、昨日はあの山を越えた、今日はこの山を越えている。（その意味では、）昨日の山は先、今日の山は後。しかし、ひときわ高く聳え立つ山の頂から全景を鳥瞰するこの人にとっては、（そのような）山々の日付（など）は、なくなって

いる。あともさきも（ここでは無意味であり、問題では）ない。すべての山が彼から——彼の「我《われ》」から——（時間的にも、空間的にも、）等距離にある。（そこにあるのは、時間など問題にならない、）非時間的（な、）「同時開顕」の茫洋たる空間だ（けである）。(256)

「同時炳現」とは、このような意味での、世界が一挙に開ける非時間的な「同時開顕」なのである。ここには、経過する時間、飛去する時間、などは存在しない。

Ⅵ　井筒俊彦『意識の形而上学――『大乗起信論』の哲学――』を読む

1　序

私が、ここで何故、井筒俊彦のこの著作を取り上げるのか、については、幸いにしてここまで本書をお読み頂いた方には、お分かり頂けるのではないか、と思う。私のこの小著には、一貫して、時間的には「同時」、空間的には（全体を一挙に見渡す）「炳現」という事が、鍵概念として貫かれているから、である。そして、井筒俊彦のこの著作においても、同様であるように思われるからである。私が用いるテクストは、中央公論新社発行の中公文庫版（二〇〇二）である。と言っても「取り上げる」のは、その第一部「存在論的視座」のみであるが。

まず、『大乗起信論』という著作が、いかなる素性のものであるかを、知っておこう。

井筒は、こう書いている。

> 誰が書いたのか知らない。（仏教思想史の古伝承では、インドの馬鳴《めみょう》菩薩の作ということになってはいるが、馬鳴といっても、どの馬鳴か、それが問題だ。馬鳴 Aśvaghoṣa アシュヴァゴーシャという名の思想家はただ一人だけとはかぎらないからである。）（11）
>
> 従って、いつどこで書かれたものであるか、正確にはわからない。もともと何語で書かれた作品かもわからない。（現に我々の手元にある『大乗起信論』のテクストは、新旧二つの漢訳本だけである。漢訳というからには、原語はサンスクリットだろうと想像されるが、これにも語法上の疑問がある。実は、初めから中国語で書かれた偽書であるかもしれないのだ。）（11）

だが、それでいて、出所不明、あるいは出自不確実の、（外見上は）片々たる小冊子にすぎないこの本は、大乗仏教屈指の論書として名声を恣にし、六世紀以後の仏教思想史の流れを大きく動かしつつ今日に至った。（11-2）

では何故、井筒はこの書『意識の形而上学――『大乗起信論』の哲学――』を書いたのか。井筒は、こう言っている。それは、

私が年来考え続けている東洋哲学全体の、共時論的構造化のための基礎資料の一部として、『起信論』という一書を取り上げ、それの意識形而上学の構造を、新しい見地から構築してみようと（12-3）

したからである。実際、その試みは、第二部「存在論から意識論へ」で行われている。そして、我々の目指している第一部「存在論的視座」は、それへの序章なのである。

2　双面的思惟形態

『起信論』を取り上げる場合、我々は先ず二つの顕著な特徴に出逢う。（14）

その一は、思想の空間的構造化ということ。「心《しん》」とか意識とかいう非空間的な内的機能を主題としながら、『起信論』の形而上学的思惟は、それをどこまでも空間的、領域的に構想する。この操作によって、本来の時間性を離脱した「心」は、有限・無限の空間的拡がりとして表象され、その形で第一義的に構造化される。（14）

『起信論』の思想スタイルの第二の特徴は、思惟が、至るところで双面的・背反的、二岐分離的、に展開するということである。言い換えるなら、思惟の進み方が単純な一本線でない、ということ。そこに、この論書の一種独特の面白さ、と難しさ、とがある。（14–5）

だから、このような思考展開の行き方を、もし我々が（数学において見るような、）一方向的な直線に引き伸ばして読むとすれば、『起信論』の思想は自己矛盾だらけの思想、ということにもなりかねないだろう。（15）

思惟展開のこの（自己矛盾だらけの、とも見える）強力な二岐分離的傾向は、『起信論』に使われている多くの（というより、ほとんど全ての）基本的術語、キーターム、の意味構造の双面性・背反性となって結実する。（中略）ここでは、無数の例の中から（中略）一つだけ挙げておこう。（15–6）

『起信論』だけでなく、大乗仏教全般を通じて枢要な位置を占めるキータームの一つ、「真如」。この語の意味の取り方は様々だが、『起信論』の立場からすると、「真如」は、第一義的には、無限宇宙に充溢する存在エネルギー、存在発現力、の無分割・不可分の全一態であって、本源的には絶対の「無」であり「空」（ともに、そのままでは）非顕現）である。（16）

私は、哲学や宗教の議論に、科学の概念を持ち込む事には、基本的に反対である。虫酸が走る、とさえ思える。しかし、今の場合は、少し違う。否、大いに違う。「真如」を「無限宇宙に充溢する存在エネルギー」に比定するより適切な比定はないであろう。勿論、同定ではないけれども。

しかし、また逆に、「真如」（の現れとして）以外には、世に一物も存在しない。「真如」は、およそ存在する事々物々、一切の事物の本体であって、動乱し流動して瞬時も止まぬ経験的存在者の全てが、そのまま（にして）現象顕現する次元での「真如」でもあるのである。(16)

ここにおいて、本体である「真如」に対して、その現象である「経験的存在者」が対立する。「真如」が存在しなければ、（その表現である）「経験的存在者」は存在しない。しかし、「経験的存在者」が存在しなくとも、「真如」は存在しえる。「経験的存在者」は「真如」（本体）の現れ（現象）なのであるから。両者の関係は、裏と表、または、内部と外部、の関係である、と言える。「真如」は、裏であり内部であるが、「経験的存在者」として、表あるいは外部に表出される。

この意味で、「真如」は、先ず存在論的に双面的である。一方において、それは「無」的・「空」的な絶対的非顕現、他方においては「有」的・現象的自己顕現。このように双面的・背反的であるからこそ、「真如」は「真如」なのであって、もしそうでなければ、存在エネルギーの全一態としての真実在とか、そのエネルギーの全顕現的奔出とか言う事は考え得られないであろう。一見、「真如」と正反対の、いわゆる「無明《むみょう》」（＝妄念）的事態も、存在論的には、（即ち、非価値的・脱価値的には、）（「真如」の現れとして、）「真如」そのものに他ならないのだ。この存在論的事実を信仰的言辞の価値づけ原理に移して表現すれば、（宗教者の言う）「煩悩即菩提」ということになろう。（そして）哲学的には、「色即是空、空即是色」とも。要するに「真如」は二岐分離しつつ、別れた両側面は、（存在論的には）根元的平等無差別性に帰一するのである。

（16–7）

以上は、存在論的双面性の問題だが、「真如」には、これとはもう一つ別の秩序の双面性がある。それは、プラス・マイナス（正・負）の符号づけ秩序であって、特に倫理学・道徳論（一括して「価値論」）に関わる思想の領野において決定的な重要性を帯びて現れてくる。この観点からすると、「煩悩即菩提」どころではない。「真如」は「無明」（＝妄念、妄想）と正面きって対立するのだ。いま見たように、（存在論的には、）「無明」的事態は全て本源的に、「真如」それ自体の一側面であるのに……。(17)

この（「価値論」の）観点に立つとき、『起信論』は、「真如」を現象態と非現象態とに分け、前者にマイナス符号、後者にプラス符号をつけて、（両者を）相互矛盾的対立関係に置く。すなわち、現象的事物事象の世界（我々の経験的存在の世界）は、隅から隅まで「妄念」の所産であって、いわゆる現実は、本来的に妄象の世界とされるのである。(17)

こうして、この（「価値論」の）視点から見ると、「真如」の非現象態と現象態とは、互いに鋭く対立し、これら相矛盾する二側面が、一方はプラス符号、他方はマイナス

符号を帯びて、「真如」において同時成立している、ということになる。(18)

かくて「真如」を対象とする我々の思索は、ここ（「価値論」の視点）でもまた、必然的に双面的・背反的となる。(18)

（「真如」の意味を求めて、）存在論的（であり）、かつ、（価値論的な）価値符号的（である、という）双面の（アプローチの）「非同非異」性において、（それを）そのまま無矛盾的に同時に見通すことの出来る人、そういう超越的総観的覚識を持つ人こそ、『起信論』の理想とする完璧な知の達人（いわゆる「悟達の人」）なのである。(18)

ここで我々は、『起信論』が理想とする「悟達の人」に到達した。それは、普遍化して言えば、何であれ、事の真相を（「存在論的」に、と「価値論的」に、に限らず）二通りの仕方で、無矛盾に、そして、同時に、見通す事の出来る人、なのである。さきに論じた「同時炳現」は、その一例である。

世界を、更には宇宙を、地球の裏側から、月の裏側まで、そして、宇宙の始原ビックバンまでも含めて、「同時」に「一挙」に展望する。するとそこに全宇宙が、「同時炳現」する。これは、我が人生を振り返る場合でも、同じである。この場合には、我が人生は、その誕生から今まで、時間を追って次々と展開するわけではない。そんなことをしたならば、これまでの我が人生と同じだけの時間がかかってしまう。我が人生を振り返る場合、我が人生は、すでに展開されてある絵巻物のように、(空白部分があるとしても、)「同時」に「一挙」に眼前に展開されているのである。この場合、「眼前に」とは、勿論、「肉眼の前に」という事ではない。それは、言わば、「心の眼の前に」という事、である。我々は、「肉眼」の他に「心の眼」を持っているのだ。これは、比喩ではあるが、悪い比喩ではない。ある風景を想像する場合、我々は、それを絵に描き、言葉で述べ、解説することが出来る。それは、比喩的な意味で、「心の眼」にはすでに見えているからである、と言えるのではないか。そして、その「心の眼」には、万物を同時に、一挙に、時間・空間の制約を超えて、見る事が出来るのである。だからこそ、「心の眼」には、一つのものを、例えば、「存在論的」と「価値論的」というように、二つの見方で、無矛盾に見る事が出来るのである。

私は、かつて、大阪大学に、集中講義で一週間ほど通ったことがあった。その時は、大阪市内にある私学共済の宿にとまって、大阪大学に通った。その途次、車窓から、大阪万博の跡地に残されていた岡本太郎の大作「太陽の塔」を幾度も見ることになった。それで、大阪大学で、たまたま居合わせた或る心理学の教授に、それについて感想を求めてみた。すると、驚いたことに、全否定的な感想が返ってきた。そして、その時は、「そんなものか」と思っただけだった。しかし、後になって、内部には「生命の樹」というオブジェが作られており、また、背後には、「黒い太陽」という顔が描かれてある、という事を知って、岡本太郎は、どんなメッセージをこの「太陽の塔」に込めていたのか、と気になった。というのも、岡本太郎という人は、単なる芸術家ではなく、或る意味、「言うべきものを持っている」思想家でもある、と思われるからである。想いだせばその昔、私は、何かの縁で、鶴見俊輔氏の主宰する『思想の科学』の会合に、一度だけ出席したことがあった。姉君の鶴見和子さんも、和服で出席されておられた。たしか、日本古代史の大家、石母田正氏を講師に招いての研究会であったか、と記憶している。そしてそこには、岡本太郎氏(註)も出席していた。話は、丁々発止、岡本太郎氏も、一流の学者達に交じって、大いに発言

註：岡本太郎は、フランスでは、一時期、パリ大学ソルボンヌ校で哲学科に聴講生として通い、日本では、花田清輝、埴谷雄高、安部公房、滝口修造、らと親交があった、という。

されていた。そして私は、ただ静かに、その議論を拝聴するばかりであった。懐かしい思い出である。私が、何故こんな事を思い出したか、というと、私は、「太陽の塔」の正面の、いかにも俗物っぽい顔の「眼」には、欲に溺れた「肉眼」を、そして、頭頂の金属製の、いかにも近未来的な顔の「眼」には、遠い未来を見つめる「心の眼」を、感じるからである。では、背後の「黒い太陽」の顔の眼には、何を感じるのか。私はそこに、暗かった過去を「振り返る眼」を、感じる。そして勿論それは、「肉眼」ではあり得ない。それは、「心の眼」の一種である。かくして「心の眼」には、二種類あることになる。「未来を見つめる眼」と「過去を見つめる眼」である。では、岡本太郎は、「過去を見つめる眼」で何を見つめていたのだろうか。もしかして、未だ消え去らない第二次世界大戦の惨禍の記憶を、でもあろうか。

では、眼には、「肉眼」と「心の眼」の二種類がある、という事になるのか。そうではない。一体、「見る」とはどういう事か。かつてハンソン（N. R. Hanson）は、『発見のパターン』（*Patterns of Discovery*）という本で、「人々が見るのであって、彼等の眼がみるのではない。」と喝破した。「眼が見るのではない。」「人々が見るのだ。」では、「人々の何が見るのか。」「人々の有する概念が眼を通して見るのだ。」そしてそれは、結局、「人々の心が見るのだ。」ということになる。人々の「心の眼」が見るのである。

我々は、ここで、一つの結論に達したようである。我々は、「悟達の人」でなくても、世界を、時間・空間の制約を超えて、自ずと、「心の眼」で見ているのである。そしてそこには、全てが、「同時炳現」しているのである。そして、ここに於いての「同時」とは、「過去」も「未来」も「現在」も、今のこの『現在』においての同時、ということである。時空を超えて、すべてを呑み込んだこの『現在』を、「絶対現在」または「永遠の今」という。ここで、私がこれまで展開してきた「世界の「空間的構造化」」という仕事は、窮まる。勿論それは、井筒俊彦が行ってきた仕事の跡をなぞったに過ぎないが。

3　「悟達の人」と「決定論と自由」

真面目に物事を考える人は、若き日には必ず一度は、この「決定論と自由」の問題に悩まされるものである。話は、こうである。

事の本質を闡明にするために、敢えて、単純な事例で考える。

私は今、「右手を上げよう」と思う。タクシーを呼ぶためである。そうすれば、自然と、右手が上がる。私には、手を上げ下げする自由があるのである。しかし、考えてみれば、手を含めて、私の体は、全くの物質ではないのか。それは、分子の集合体であり、更に言えば、原子の集合体であり、更に言えば、素粒子の集合体なのである。そして、それらは、完全に物理法則に従っている。したがって、私の体は、完全に物理法則に支配されているのである。したがって、私は、完全に物理法則に支配されており、そこには、自由はないのではないか。

ここで、私の体は脳に支配されている、と言っても、無駄である。脳も、紛れもなく、物質であるからである。結局、話は、こうなる。

私には、手を上げ下げする自由がある。しかし、手は、脳に支配されている。そして、脳は、法則に支配されている。したがって、私には、手を上げ下げする自由はない。さあ困った。この矛盾を解決する一つの方法は、「私は脳だ！」と考えることである。否むしろ、「脳が私だ！」と考えることである。この考え方を、「心脳同一説」という。しかし、この説は、如何にも奇妙である。私は、私の脳を、見たことも、触ったこともないが、確かに私の頭蓋骨の中にある。これは、不可疑な事実である。かつて私は、「デカルトの頭蓋骨」なるものを、上野の国立科学博物館で見たことがある。その真偽はともかくとして、私の脳も、何かそれと似たようなものの中に、鎮座しているのである。そして、「心脳同一説」では、こう言う。

私が、「手を上げよう」と思えば、私の脳が、それに対応して変化し、更に、そこから電気信号が出て、手が上がる。

確かに、そうであろう。しかし、ここにおける「思えば」は、心理現象であって、物理現象ではない。したがって、「手を上げよう」と「思った」から、といって、それによって、私の脳に変化が起きる、という事は理解し難い。そしてそれは、「思えば」は心理現象であるのに、脳の変化は「物理現象」であるからである。この困難を「心脳同一説」がどう克服したかは、私は知らない。しかし、西田幾多郎ならば、こう言うであろう。

〈「手を上げよう」と思う〉という心理現象と、〈脳にそれに対応する変化が起きる〉という物理現象（生理現象）は、矛盾的自己同一である。

そこに起こっている事は、確かに一つである。しかしそれは、一面から見れば「心理現象」であり、他面から見れば「生理現象」なのである。この事を、「矛盾的自己同一」と言う事は、全く自然なことではなかろうか。ここに、何か理解し難い事を感じるのは、「心理現象」と「生理現象」を同一平面上で考えるからである。しかし両者は、もともと、それを見る観点が違うのである。そして、本来一つの物を、違う観点から見れば、違って見えるのは、至極当然な事なのである。

ここで私は、さきに私が引用した、次のような井筒俊彦の言葉を思い出す。

（「真如」の意味を求めて、）存在論的（であり）、かつ、（価値論的な）価値符号的（でもある、という）双面の（アプローチの）「非同非異」性において、（それを）そのまま無矛盾的に同時に見通すことの出来る人、そういう超越的総観的覚識を持つ人こそ、『起信論』の理想とする完璧な知の達人（いわゆる「悟達の人」）なのである。(18)

ここで言われている事を、私の理解で言いかえれば、こうである。

ある一つのものを、「同じではない」けれども「無関係でもない」二つの観点から見て、そこに見える二つのものを、「矛盾している」として放棄するのではなく、矛盾を矛盾として認めつつ、同時に、両者を一つのものの二つの面として、認める事の出来る人、そういう人こそ、「悟達の人」なのである。

物事における「絶対矛盾的自己同一」という存在の仕方を覚った西田幾多郎こそ、そういう「悟達の人」であったのだ。

ここまで来ると、もう、「決定論と自由」の問題は解決されているのである。我々は、生物としては「決定論」に支配されているが、人間としては「自由」なのである。そして、我々は、生物であり、同時に、人間なのである。したがって、我々は、決定論に支配されており、同時に、自由なのである。そして、此処には、何の矛盾もない。見る「観点」が違うからである。例えば、ここに、一つの「円錐」がある。それを「真下」から見る人は、「円」である、と言い、「真横」から見る人は、「三角」である、と言う。しかし、ここには、何の矛盾もない。それと同じ、である。

私はここで、E.H.カーの新版『歴史とは何か』(近藤和彦訳、岩波書店、二〇二二)の或る一文を思い出す。即ち、こうである。

現実生活においては、自由意志と決定論の論理的ディレンマは生じないのです。これは、自由な人間行動と、決定された人間行動が別々に存在するからではありません。むしろ事実は、すべての人間行動は同時に自由であり決定されていて、違いはそれを見る観点によるのです。（157）

全く、そのとおりである、と言わねばならない。

しかし、と言われよう。将来、いつの日にか、科学者が、私の脳を私に気付かれずに、密かに観察し、そしてその状態から、私のこれからの行為を予言することも可能ではないのか。したがって、私の未来は、法則的に決定されており、私には、「自由」などはないのではないか。

勿論、そういう事も可能である。しかしそれは、私が、その予言を知らない限りにおいて、である。もしも私がその予言を知ったならば、場合によっては、「それならば、その予言に逆らって行為してやろう。」と言って、「予言破り」をする事も可能である。これを、大森荘蔵は「予言破りの自由」と言った。

「予言破りの自由」は、私が、自分自身で自分の脳を調べる、という場合にも当てはまる。その場合には、その検査の結果は、必然的に、私の知るところとなる。そして、それをもとに、私のこれからの行為を予言する。しかし、私が私自身の未来の行為を予言すれば、そのとき、すでに私自身の脳の状態は、その予言の根拠となった状態と異なっている。したがって、その「私のこれからの行為の予言」の前提条件が、崩れているのである。という事は、この場合にも、「予言破り」の可能性は、論理的には確保されているのである。言い換えれば、「自由」の可能性は破られてはいない。

4 「真如」という仮名《けみょう》

井筒俊彦のこの著作は、先ず「序」において、『大乗起信論』という著作についての外面的な説明をしておいてから、「双面的思惟形態」というその「本質論」に入る。私は、その前半を踏まえて、「決定論と自由」の問題を論じた。これは、言わば、私の「挿入」である。井筒においては、その後半に、「アラヤシキ」の問題が論じられるが、私としては、そこは省略して、次の「「真如」という仮名」の問題に入る。この問題こそ、形而上学における根本問題である、と思うからである。井筒は、言う。

> 一般に東洋哲学の伝統においては、形而上学は「コトバ以前」に窮極する。すなわち、形而上学的思惟は、その極所に至って、実在性の、言語を超えた窮玄の境地に到達し、言語は本来の意味指示機能を喪失する。そうでなければ、存在論ではあり得ても、形而上学ではあり得ないのだ。(21)

一般には、形而上学と存在論は、混同して理解されている事が多いが、実は、両者は区別されるべきなのである。形而上学における存在は、その実在性を、言語を超えた境地において保持し、そこにおいては、言語は、本来の個別的意味指示機能を失う。そうでなければ、形而上学は、存在論ではあり得ても、本来の意味での「形而上学」ではあり得ない。

> 東洋哲学の諸伝統は、形而上学の極所を目指して、さまざまな名称を案出してきた。曰く「絶対」、曰く「真(実在)」、曰く「道《タオ》」、曰く「空」、曰く「無」、等々。いずれも、本来は絶対に無相無名であるものを、それと知りつつ、敢えて、便宜上、コトバの支配圏内に曳き入れるための仮の名(『起信論』のいわゆる「仮名」)にすぎない。(23)

プロティノスの「一者」という名もまた然り。「一者（ヘン）」（to hen《ト・ヘン》）という名称が、純然たる仮名にすぎないことを、プロティノス自身が次のように明言している（*Enn.* IV）。曰く、自分が「一者」という名で意味しようとしているものは、本当は一者でも何でもない。それは「有の彼方（epekeina ontos）」「実在性の彼方（epekeina ousias）」「思考力の彼方（epekeina nou）」なるもの、つまり言詮の彼方なる絶対窮極者なのであって、それにピタリと適合する名称などあるはずがない。しかし、そんなことを言っていては話にならないので、「強いて何とか仮の名を付けるために、止むを得ず、一者と呼んでおく」。また、それに言及する必要がある場合、「かのもの（ekeino）」という漠然として無限定的な語を使ったりもするが、「実は、厳密に言えば、かのものともこのものとも言ってはならないのである。どんな言葉を使ってみても、我々はいわばそれの外側を、むなしく駆け廻っているだけのことだ」（*Enn.* VI. 9）と。意識と存在のゼロ・ポイント（註）の本源的無名性と、「一者」という名の仮名性とを説き尽くして余すところなし、というべきであろう。

（23-4）

これと全く同じ趣旨で、『起信論』は「真如」という仮名を選び取る。この語が一つの仮りの名、すなわち便宜的な符丁にすぎないことを、『起信論』のテクストは次のように明言する。（24）

「一切諸法（＝全ての存在分節単位、一切の内的・外的事物事象）は、ただ妄念（＝意識の意味分節作用）に依りて（相互間の）差別有るのみ。もし心念（分節意識）を離るれば、則ち一切の境界（＝対象的事物）の相（＝形姿）なし。是の故に、一切の法は、もとよりこのかた（＝本来的には）言節《ごんせつ》の相（＝コトバで表わされる意味単位としての事物の様相）を離れ、名字《みょうじ》（＝個々別々の事物の名称）の相を離れ、心縁（＝思惟対象）の相を離れ、畢竟（＝本源的には）平等（＝一切の存在にわたって絶対無差別）にして、変異あることなく破壊（はえ）す可《べ》からず、唯だ是れ一心（＝絶対全一的な意識）のみなるを、故（ことさら）に（＝強いて）真如と名づく。」（24-5）

「一切の言説《ごんせつ》は仮名《けみょう》にして実なく、ただ妄念に随えるのみにして不可得（＝コトバでは存在の真相は把握できない）なるを以ての故に、真如と言うも、また相（＝この語に対応する実相）の有ることとなし。言節の極（コトバの意味指示作用をギリギリのところまで追いつめて）、言に依りて言を遣《や》るを謂うのみ（コトバを使うことによって、逆にコトバを否定するだけのこと）……」(25)

「当に知るべし、一切の法は（本源的には）説く可《べ》からず、念ず（＝思惟す）可からず。故に（こういう事情をはっきり心得たうえで、敢えて）真如となす（＝真如という仮名を使う）なり」と。(25)

註：「意識と存在のゼロ・ポイント」について。
これは、井筒俊彦が好んで用いる「言い方」であって、意識と存在が、そこにおさまり、そこから発出する出発点、という意味である。そしてそれは、具体的には、「真如」を意味する。井筒俊彦は、其の著『意識と本質』のⅣにおいて、こう言っている。

意識のゼロ・ポイントとは、文字どおり心のあらゆる動きの終極するところ、絶対的不動寂寞の境位であるが、それが次の、そして最後の、段階まで進んで、今度は逆にあらゆる心の動きがそこに淵源しそこから発出する活発な意識の原点として自覚しなおされなければならないからである。（『著作集6』73）

「真如」とは、字義どおりには、本然的にあるがままを意味する。「真」は虚妄性の否定、「如」は（絶対）無差別不変の自己同一性。もとサンスクリットの tathatā の漢訳で、原語的にも「ありのまま性」の意。真にあるがまま、一点一画たりとも増減無き真実在を意味する、とでも言っておこうか。（25-6）

（ところで、）仮名にせよ何にせよ、あるものに「何々」という名をつけることは、たんに「何々」という名をつけるだけのこと、ではない。命名は「意味分節行為」である。あるものが「何々」と命名されたとたんに、そのものは、意味分節的に特殊化され特定化される。（26）

5　言語的意味分節・存在分節

ここにおいて、あるものが、ある特定のものとして、誕生するのである。

プロティノスは、己れの考想する形而上学的存在体系の極点を、「一者」と名づけながら、これは仮名であって本名ではない、本当は「一者」には全く名が無いのだ、と主張する。名が無い、とは、言語を絶対的に超越する、ということ。(27)

(では)形而上学的思惟の極限に至って、なぜ言語が、その意味指示的有効性を喪失してしまうのか。(28)

それは、この極限的境位においては、「形而上的なるもの」は絶対無分節だからである。無辺際、無区分、無差別な純粋空間の、ただ一面の皓蕩たる拡がり、このようなものを、このようなものとして、そのまま、把捉することにおいては、言語は完全に無能無力である。(28)

このことは、言語が元来、意味分節(意味による存在の切り分け)を本源的機能とする、ということを物語っている。対象を分節する(切り分け、切り取る)ことなしには、コトバは意味指示的に働くことができない。絶対無分節的な「形而上学的なるもの」を、例えば、「真如」と名づけたとたんに、それは、真如なるものとして切り分けられ、他の一切から区別されて、本来の無差別性、無限定性、全一性を失ってしまう。だからこそ『起信論』は、「真如」という語を使いながら、それをあくまで仮名にすぎないと強調し、仮名だ、仮名だ、本名と間違えてはいけない、とあれほど繰り返すのだ。「言真如亦無有相」（「真如」とは言うけれども、この特定の語が喚起するような意味イマージュに該当する客観的事態が実在するわけではない）と。 (28–9)

「分節」とは、字義どおり、切り分け、分割、区劃づけ、を意味する。区劃機能を行使するものは、この場合、コトバの意味。つまり、ここでいう「分節する」とは、本源的に、言語意味的事態である。我々の実存意識の深層をトポスとして、そこに貯蔵された無量無数の言語的分節単位それぞれの底に潜在する意味カルマ（長い歳月にわたる歴史的変遷を通じて次第に形成されてきた意味の集積）の現象化志向性（すなわち自己実現、自己顕現的志向性）に促されて、なんの割れ目も裂け目もない全一的な「無物」空間の拡がりの表面に、縦横無尽、多重多層の分割線が走り、無限数の有意味的存在単位が、それぞれ自分独自の言語的符丁（名前）を負って現出すること、それが「分節」である。我々が経験世界（いわゆる現実）で出逢う事物事象、そしてそれを眺める我々自身も、全てはこのようにして生起した有意味的存在単位にすぎない。存在現出のこの根源的事態を、私は「意味分節・即・存在分節」という命題の形に要約する。
（29–30）

井筒によるここでの解説は、非常に明快である。それで、そのまま、引用させて頂いた。ここで言われている事のエッセンスは、こうである、と思う。

「真如」なるものは、分節以前の「質料」であり、それに言語による分節という「形相」が与えられて、はじめて、何らかのものになるのである。したがって、「真如」なるものを「無」と言うとすれば、それは、「分節が無い」という意味での「無」なのであって、質料すらも無い「空無」の意味での「無」なのではない。それはちょうど、「渾沌」には、眼も鼻も無い、という意味での「無」なのである。

ここで、少し、思い出を語らせて頂きたい。かつて私は、カナダの大都市モントリオールにあるマックギル大学に、そこの科学哲学の研究室の研究助手として、一年間勤務した。仕事は、そこの大学の教授マリオ・ブンゲの大著 *CAUSALITY*（『因果性』）を翻訳することであった。ところが、思いもかけず、その大学には、イスラム研究の教授として、井筒先生がおられたのである。私は、着任後、すぐにお目にかかり、いろいろと教えて頂いた。そして、ご自宅にもお招きいただき、奥様（豊子夫人）の手料理で、おもてなし頂いた。話は、当然、（東京大学の仏文科ご出身とうかがっている）奥様も加わって、哲学が話題となった。そのとき、奥様の口から、しばしば「分節」という言葉が発せられた。その当時、私には、「分節」という言葉は耳慣れない言葉であって、どう理解してよいのか戸惑った。しかし、今にして思えば、「分節」という言葉は、井筒哲学のキーワードの一つなのであって、奥様にも、深く浸透していたのであろう、と思われる。翻訳は、帰国後、岩波書店から出版された。

6　ウィトゲンシュタインにおける「存在分節」——「科学」とは何か——

現代哲学に道を切り開いた哲学者の一人として、ウィトゲンシュタインがいる。このことは、既に、多くの哲学者の認めるところであろう。彼の哲学には、大きく分けて、前期と後期がある。前期の主著は『論理哲学論考』（略して『論考』）であり、後期のそれは『哲学探究』（略して『探究』）である。ウィトゲンシュタインは、一八八九年にオーストリアに生まれているが、ハイデガーも、同年に南ドイツに生まれている。ちなみに、西田幾多郎は、一八七〇年（明治三年）生まれである。

井筒俊彦によれば、我々のこの経験世界、すなわち、この現実世界は、真如なる「絶対無分節者」が、言語によって意味分節されたもの、即ち、存在分節されたもの、なのである。したがって、この現実世界なるものは、「言語」という網を通して見られた真如の世界である、ということになる。或いは、同じ事であるが、「言語」という網を通して現れた真如の世界である、ということになる。ここで、「網」の代わりに「鏡」を置いても、全く同じ事が言える。いずれにせよ、「真如」というものは、じかには、或いは、素手では、把握する事も見る事も出来ない超越的存在なのである。我々が普通気軽に言っているところの、この現実「世界」なるものも、その意味では、その本体は、不可視・不可触なる「真如」なのである。

ウィトゲンシュタインは、『論考』において、こう言っている。

例えばニュートン力学は、世界記述を単一の形式に持ち来す。不規則な黒い模様のある白い面を想像しよう。さて、我々はこう言う：その不規則な黒い模様がたとえいかなる像を成そうと、私は、その面をそれ相当に小さい正方形の目の網で覆い、そしてそれぞれの正方形について、それらが白いか黒いかを言う事によって、常にその像を任意の近似で記述する事が出来る。私は、このような仕方で、面の記述を単一の形式に持ち来すであろう。この形式は任意である。何故なら私は、三角形の或いは六角形の目の網を用いても、同じ結果を得たであろうから。もしかして、三角形の目の網を用いた記述の方が、正方形の目の網を用いた記述よりも、単純になるかも知れない：即ち、我々は、大きな三角形の目の網を用いた記述の方が、小さな正方形の目の網を用いた記述よりも、面をより正確に記述出来るかもしれない：(或いは、その逆かもしれない、) 等々。様々な網には、世界記述の様々な体系が対応する。力学は、世界記述の全命題は或る幾つかの与えられた命題——力学の公理——から或る与えられた仕方で得られるのでなくてはならない、と言う事によって、世界記述の一形式を決定する。このようにして力学は、科学という構築物の構成に素材を提供して、こう言う：たとえいかなる構築物を築き上げようとしようとも、いずれにせよ君はその構築物を、こ

れらの素材、そして、ただこれらの素材のみでもって、築き上げるのでなくてはならない。（6.341）

ここで言われている事はわかり悪いが、例えば、こういう事であると思う。我々が住んでいる日本には「春夏秋冬」がある。何故か。この疑問に対して、ニュートン力学は、こう答える。

日本は地球の北半球の中緯度にある。その地球は、太陽を一方の焦点とする楕円軌道の上を、自転しながら、一年かけて公転している。そして、その地球の自転軸は、公転軸に対して、二三・四度、傾いている。

この「像」は、「ニュートン力学の三法則」と「万有引力の法則」によって構成されている「ニュートン力学」が教えるところのものである。そして、この「像」を通して日本を見れば、日本には「春夏秋冬」がある、という事は物理的に必然なのである。（このことは、各自お考えください。ポイントは、地球の自転軸が公転軸に対して、二三・四度傾いている、というところにある。）

ここで行われている事は、まさしく、宇宙における或る真如を、物理学が編んだ或る

「網」を通して見ているのだ、という事なのである。そして、これこそが、科学と言われる営み一般について言われること、なのである。この事を普遍化すると、こうなる。

「科学」とは何か。それは、真如を見る「網」を編む営みなのである。

更に言えば、こうなる。

「知識」とは何か。それは、真如を見る「網」である。

そして、この思想は、基本的には、後期の『探究』に引き継がれる。但し、そこに於いては、「網」の代わりに、「象徴」或いは「像」という言葉が使われる（第I部193を参照）。今日、一般に使われる言葉で言えば、それらは、「モデル」と言うことになろう。例えば、「原子モデル」の「モデル」のように。

Ⅶ　人生論　――「自然法爾」に生きよ！――

我々は、「人生」を論じるつもりで、いつの間にか「科学論」に越境してしまった。それで、越境したついでに、「科学」というものについて、もう少し考えてみたい。そして、その帰結は、先回りして言えば、

「経験科学」は、経験の上に築かれたものではない

というものなのである。この事は、すでに予想されたものではなかろうか。なぜなら、先に述べたように、「科学」とは、それを通して真如を見る「網」を編む営みであり、かつ、

その「網」を通して真如を見る行為であるから。「経験科学」と言っても、それは、下からレンガを積むように「経験」を下から積み重ねていって、一つの構造物を作り上げるようなものではなく、逆に、上から網をかぶせて、そこに一つの構造物を見る、といったものなのである。

　かつてカルナップは、感覚（感覚言語）からこの世界を論理的に構築しようとして失敗し、一歩さがって、今度は、経験（物言語）からこの世界を論理的に構築しようとした。彼の、「理論概念の方法論的性格」（一九五六）がそれである。しかしそれは、多くの科学哲学者達を納得させるようなものではなかった。そして、その二年後から、そのような下からの科学論に対し、根底から反対するような研究が、次々と現れ始めた。ハンソンの『発見のパターン』（一九五八）、トゥールミンの『予見と理解』（一九六一）、クーンの『科学革命の構造』（一九六二）、ファイヤーアーベントの『説明、還元、経験主義』（一九六二）、等々、である。彼らの見解には、細部では異なっていても、基本的には、共通した主張が認められる。それは、「観察の理論依存性（theory-laden）」という主張である。詳しくは、拙著『科学と人間』（勁草書房、一九七七）の一三二頁以降を参照。

　ハンソン達によれば、天動説のティコと地動説のケプラーは、一緒に日の出を観察しても、実は、そこに全く違った現象を観察するのである。同床異夢、という訳である。すなわち、天動説のティコは、そこに「太陽の動き」を観察し、地動説のケプラーは、そこに「地球の動き」を観察するのである。持っている「理論」が違えば、見える「現象」も違う、というわけである。理論に無関係な観察、理論に汚染されない純粋無垢な観察は、あり得ないのである。観察は、観察者の持っている理論に基本的に依存するのである。これが、「観察の理論依存性」である。「観察の理論負荷性」ともいわれる。

そうであるとすれば、「観察」とは、「観察対象」に「理論という網」をかぶせて、その網を通して観察対象を観る、という事になる。或いは、同じ事であるが、「観察対象」が、それにかぶせられた「理論という網」を通して現れ見えた姿を観る、という事になる。いずれにせよ、我々は、ここに、ウィトゲンシュタインの科学観と同じ構造を見ることになる。そして実際、我々は、彼等の論文の多くのところに、ウィトゲンシュタインへの言及を見る。

ここで我々は、現代の「科学論」とウィトゲンシュタインの「科学論」との、更には、井筒俊彦と『大乗起信論』の「形而上学」理解との、共通構造を見る。何れにおいても、存在の根底にある「真如」は、不可触・不可視なのであって、それは、「理論」或いは

「言語」によって分節されて、はじめて我々の面前に現れるのである。驚くべきことに、現代の「科学論」は、(五—六世紀成立と思われる)出自不確実な片々たる小冊子『大乗起信論』と、知識論に関して、同じ構造を示しているのである。

もう十分、本書の主題であった「人生論」から、離れてしまった。それで、最後に、『大乗起信論』の根本語である「真如」について、それが如何なる語であるかを尋ねることによって、人生について深く思いを致し、本書を閉じることにする。ここに於いても、頼りにするのは、またしても、前出の、

井筒俊彦『意識の形而上学——『大乗起信論』の哲学——』

である。

『起信論』の説く「真如」は、(中略)基本的には、ごく簡単な二階層構造である。すなわち、そこでは、実在は、一面において、本然的無分節性を守って絶対的に非現象態、他面において無数の分節単位の複雑に錯綜する意味連関として顕在する現象態。

これらの相反する形而上学的・存在論的二側面が、「真如」において同時に存立しているのだ。(41)

この事態は、(中略)「真如」に関する我々の思索の道を、おのずから二岐分開的たらしめる。言語を超越し、一切の有意味的分節を拒否するかぎりでの「真如」と、言語に依拠し、無限の意味分節を許容するかぎりでの「真如」と。前者を『起信論』は「離言真如」、後者を「依言真如」と名づける。

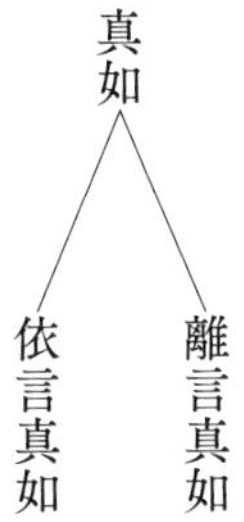

「離言」的側面だけが「真如」なのではない。「真如」の真相を把握するためには、我々は「離言」「依言」両側面を、いわば両睨みにし、双方を同時に一つの全体として見なければならない。(42)

「真如」は、それ自体としては、(すなわち形而上学の極処としては)絶対無分節であり、したがって、完全にコトバ以前(「言説ノ相ヲ離ル」)であるが、その下に拡がる(形而下的)言語的意味分節・存在分節の世界(中略)と無関係ではない。いや、無関係でないどころか、(形而下的)分節的存在界は、実は、隅から隅まで、(形而上的な)根源的無分節(の)「真如」自身の分節態にほかならないのだ。この意味では、現実世界も(「真如」の現れとして、)「真如」以外のなにものでもないのである。(42–3)

すなわち、全現象界のゼロ・ポイント(発出点)としての「真如」は、文字どおり、表面的(に)は、ただ一物の影すらない存在の「無」の極処であるが、それ(「真如」)はまた、反面、一切万物の非現実的、不可視の本体であって、一切万物をうちに包蔵し、それ(「真如」)自体に内在する根源的・全一的(形而上・形而下全体で一つという)意味によって、あらゆる存在者を現出させる可能性を秘めている。この意味で、それ(「真如」)は存在と意識のゼロ・ポイントであるとともに、同時に、存在分節と意識の現象的自己顕現の原点、つまり世界現出の窮極の原点でもあるのだ。(44)

すこしわかりにくいが、「真如」は、形而上・形而下の全体を一つとしての本体、と理解すべきである。形而上の「真如」は、自己分節して、形而下の「真如」が生まれる。それが、我々の「この世」つまり「経験世界」なのである。

そうだとすれば、『起信論』言うところの「真如」は、鈴木大拙言うところの「霊性」である、ということになりはしないか。そして『起信論』は、「如何に生きるべきか」と問われれば、「真如」に従って、道元言うところの「自受用三昧」に生きよ、と言うのではないか。

以下は、鈴木大拙言うところの「霊性」についての、大拙の『日本的霊性』（岩波文庫、一九七二）からの引用である。

精神または心を物（物質）に対峙させた考えの中では、精神を物質に入れ、物質を精神に入れることができない。精神と物質との奥に、いま一つ何かを見なければならぬのである。二つのものが対峙する限り、矛盾・闘争・相克・相殺などいうことは免れない、それでは人間はどうしても生きていくわけにいかない。なにか二つのものを包んで、二つのものが畢竟ずるに二つでなくて一つであり、また一つであってそのまま二つであるということを見るものがなくてはならぬ。これが霊性である。今までの二元的世界が、相克し相殺しないで、互譲し交歓し相即相入するようになるのは、人間霊性の覚醒にまつよりほかないのである。いわば精神と物質の世界の裏にいま一つの世界が開けて、前者と後者とが、互いに矛盾しながら、しかも映発するようにならねばならぬのである。これは霊性的直覚または自覚によりて可能となる。(16–7)

霊性を宗教意識と言ってよい。ただ宗教と言うと、普通一般には誤解を生じ易いのである。日本人は宗教に対してあまり深い了解をもっていないようで、或いは宗教を迷信の又の名のように考えたり、或いは宗教でもなんでもないものを宗教的信仰で裏付けようとしたりしている。それで宗教意識と言わずに霊性と言うのである。が、がんらい宗教なるものは、それに対する意識の喚起せられざる限り、なんだかわからぬものなのである。これは何事についても、然か言われ得ると思われるが、一般意識上の事象なら、なんとかいくらかの推測か想像か同情かが許されよう。ただ宗教についてては、どうしても霊性とでもいうべきはたらきが出てこないといけないのである、即ち

霊性に目覚めることによって初めて宗教がわかる。(17)

霊性と言っても、特別なはたらきをする力か何かがあるわけではないが、それは普通に精神と言っているはたらきと違うものである。精神には倫理性があるが、霊性はそれを超越している。超越は否定の義ではない。精神は分別意識を基礎としているが、霊性は無分別智である。これも分別性を没却了して、それから出てくるという意ではない。精神は、必ずしも思想や論理を媒介としないで、意志と直覚とで邁進することもあるが、そうしてこの点で霊性に似通うところもあるが、しかしながら霊性の直覚力は、精神のよりも高次元のものであると言ってよい。それから精神の意志力は、霊性に裏付けられていることによって初めて自我を超越したものになる。(17−8)

宗教というものから見ると、それ(宗教)は人間の精神がその(人間の)霊性を認得する経験であると言われるのである。宗教意識は霊性の経験である。(19)

ここで我々は、「宗教論」という形での「人生論」に帰り着いた。残された問題は、鈴木大拙をどう理解すべきか、である。大拙は、前掲書において、こう言っている。

> 親鸞は罪業からの解脱を説かぬ、即ち因果の繋縛からの自由を説かぬ。それ（親鸞の説くもの）はこの存在——現世的・相関（因果）的・業苦的存在——をそのままにして、弥陀の絶対的本願力のはたらきに一切をまかせるというのである。そうしてここに弥陀なる絶対者と親鸞一人との関係を体認するのである。絶対者の（大慈）大悲は、善悪是非を超越するのであるから、こちらからの小さき思量、小さき善悪の行為などでは、それに到達すべくもないのである。ただこの身の所有と考えられるあらゆるものを、捨てようとも留保しようとも思わず、自然法爾にして（大慈）大悲の光被を受けるのである。（中略）シナの仏教は因果を出で得ず、インドの仏教は（妙有の側面を無視した？）但空《たんくう》の淵に沈んだ。日本的（なる）霊性のみが、因果を破壊せず現世の存在を滅絶せずに、しかも弥陀の光をして一切をそのままに包被せしめたのである。これは日本的（なる）霊性にして初めて可能であった。（116–7）

何という深い言葉ではないか。私は、先に、何度も「執着を捨て」と言ったが、大拙ならば、もっと具体的に、「執着を、捨てようとも留保しようとも思わず、自然法爾に身をまかせ」とでも言うのではないか。

ここで私は思いだす。私は、高校時代、北鎌倉の東慶寺にある松ヶ岡文庫に、大拙の講話を聴きに行った。題は、「趙州無字の公案」であった。「僧が、犬にも仏性がありますか、と尋ねたら、趙州は、ただ一言「無」と答えた」という、あの有名な公案である。その時、大拙は、解説してきて、最後の結論の処にきて、単に「む」とは言わず、自己の全存在をかけたように、腹の底から振り絞ったようにして、「むう」と言った。この光景は、未だ忘れられない。ちなみに、秋月龍珉《りょうみん》著の『一日一禅（下）』（講談社現代新書、一九七七）においては、こうある。

> 趙州和尚は、僧に「犬にも仏性がありますか」と問われて、「無（むー）」といった。
> （128）

ここにおいても、単に「無（む）」ではなく、「無（むー）」でなくてはならないのである。

禅宗における発言に限らず、そもそも実生活における「発言」というものは、単に言葉の上での、そして、辞書的意味での、軽い発言ではなく、全身を挙しての重い「行為」でなくてはならない。そして、実際に「執着を捨て」と言うならば、我々は実際に「執着を捨て」ねばならない。では、具体的には、我々はどうすれば「執着を捨て」る事が出来るのか。これに対して大拙は、「自然法爾《じねんほうに》に身をまかせ」と言うのではないか。大拙はこう言う。

（例えば漁師や遊女の話（106–7）を念頭において考えると、）この世の生活が罪業と感ぜられる。そうしてその罪業がなんらの条件もなしに、ただ（「弥陀の誓願」を信じる）信の一念で、絶対に大悲者（阿弥陀如来）の手に摂取せられるという事を、我らの現在の立場から見ると、その（彼等、彼女等の）立場が、そのままそれでよいと肯定せられることなのである。即ちこれは自然法爾である。（中略）ここにまた一つの概念が加わっていることを忘れてはならぬ。それは「絶対の大悲」という事である。この大悲に包まれて、心は（利己心なき）赤き（心）（まごころ）を得るのである。（ことあげせぬ）不立文字《ふりゅうもんじ》が可能なのである。（日本古来の）神《かん》ながらは神《かん》ながらで、いま一つの飛躍、またば（自力を離れ、他力に生きる）横超があって、ここに日本的霊性の姿がその純真のままに認められるのである。個己（個なる己）の一人一人（ひとりひとり）が超個己（「超個の己」）の一人（いちにん）（具体的には、親鸞聖人）に触れて、前者の一人一人（ひとりひとり）が「親鸞一人（いちにん）（中略）」の（意味での）一人（いちにん）になるのである。この妙機を攫《つか》むのが信である。（中略）個己の一人（ひとり）は、一人一人（ひとりひとり）で、しかもそれがそのままに「超個（の）己」の一人（いちにん）であるのである。この霊性的直覚は日本人の上に初めて出たので、これを「日本的霊性」と言わなければならぬのである。（中略）そして、それから日本人のいずれもが、それ（日本的霊性）を取り入れ得る機会をもつことになったのである。（117–8）

この引用は、少し分かり難いかもしれない。それは、「人（ひと）」と「人（にん）」の使い分けにある。「弥陀の誓願」を信じる人が「人（にん）」であり、それ以前の人が「人（ひと）」なのである。(註)

ここで我々は、紆余曲折をへて、大団円に達した。即ち、こうである。

「自然法爾」に生きよ！

私は、「禅」については、秋月龍珉《りょうみん》老師に多くを教えられた。その老師の禅の基本語が「超個の個」なのである。老師は、鈴木大拙の直弟子であるから、それも当然であろう。

かつて私は、拙著『〈自己〉の哲学――ウィトゲンシュタイン・鈴木大拙・西田幾多郎――』（春秋社、二〇〇九）において、「秋月の「超個の個」」という小論を書いたことがあった。以下において、その冒頭部分を引いて、参考に供したい。

鈴木大拙の『臨済の基本思想』に、こういう文章がある。

面前聴法底の人は、「眼耳鼻舌身意」の個一者で、而してまた実に「無眼耳鼻舌身意」の超個者であるから、最も現実的具体性をもった実有なのである。臨済の人は、いつもこの角度から見て行かなくてはならぬのである。

（『鈴木大拙全集』第三巻、362–3）

註：「人（ひと）」と「人（にん）」の使い分け、について。

鈴木大拙は、『日本的霊性』において、こう言っている。

> 感覚や感情も、それから思慮分別も、（要するに、心的なものは全て、）もともと霊性のはたらきに根ざしているのでありが、霊性そのものに突き当たらない限り、根なし草のようで、今日は此の岸、明日は彼の岸という浮動的境涯の外に、出るわけにいかない。これは、個己（個なる己）の生活である。（普通の、世俗の人（ひと）の生活である。）（彼は、）個己の源底にある超個の人（にん）（いわば、真如の人（にん））にまだお目通りが済んでいない。こういうと甚だ神秘的に響き、また物の外に（超越的な）心の世界を作り出すようにも考えられようが、ここに明かな認識がないと困る。普通には、個己の世界だけしか、人々は見ていない。（中略）超個の人（にん）は、既に（個己を超えた）超個であるから、個己の世界（世俗の世界）にはいない。それゆえ、（超個の）人（にん）といっても、それは、個己の上に動く人ではない。されば と言って、万象を掃って（取り除いて）、そこに残る人でもない。こんな人は、まだ個己の人（ひと）である。超個の人（にん）は、個己（の人（ひと））と縁のない人だということではない。（超個の己なる）人（にん）は、個（なる）己と、大いに縁がある、（いな）実に、離れられない縁がある（のである）。彼（超個の己なる人（にん））は、個己を離れて存在し得ない、と言ってよい。それかと言って、個己が彼（超個の己）だ、とはいわれぬ。超個の人（にん）は、そんな不思議と言えば不思議な一物（いちもつ）である、「一無位の真人」（臨済）である。（85–6）

この超個の人（にん）が、本当の個己である。『歎異抄』にある「弥陀の五劫思惟の願をよくよく案ずれば、ひとえに親鸞一人（いちにん）がためなりけり」と言う、この親鸞一人（いちにん）である。（中略）真宗の信者はこの一人（いちにん）に徹底することによりて、日本的霊性の動きこれは、こういう事である。

面前で法を聴いている一無為の真人《しんにん》である汝らは、身心を有する個なる一者であり、しかもまた実に、身心を有さない超個なる者であるから、最も現実的具体性をもった実有なのである。臨済の言うところの一無位の真人は、いつもこの角度から見て行かなくてはならぬのである。

要するに、最も現実的具体性をもった真実の自己は、一面では、身心を有する個であり、そしてまた他面、身心を有さない超個なのである。超個は、身心を有さないが故に、それだけではこの世に働きかける事が出来ない。そこで超個は、身心を有する個を通じて、この世に働きかけるのである。このような個と超個は、個あっての超個であり、超個あっての個であって、西田幾多郎流に言えば、絶対矛盾的自己同一の関係にあるのである。そして真実の自己とは、このような個と超個によって構成されたもの、なのである。（206−7）

秋月龍珉は、そのような真実の自己を「超個の個」と言った。しかも超個と個は、絶対矛盾的自己同一の関係にあるもの同士として、言わば「不一不二」なのである、「不可同・不可分」なのである。したがって秋月によれば、「超個の個」は、一気に一息で読まれなければならない。それは、正確には、「超個-の-個」とでも書かれるべきもの、なのである。言うまでもなく、「超個」は「神」あるいは「仏」を意味し、「個」は「人間」あるいは「衆生」を意味している。(207-8)

を体認するのである。(86)

超個の人(にん)(これを「超個己」と言っておく)が、(個己から見れば、)個己の一人一人(ひとりひとり)であり、この一人一人(ひとりひとり)が超個の人(にん)にほかならぬという自覚は、日本的霊性でのみ経験せられたのである。(87)

人(ひと)と人(にん)の使い分け、については、以上でおよそご理解いただけたかと思う。プロティノスの「一者」、或いは、『起信論』の「真如」を念頭に置いて考えれば、理解できるのではないでしょうか。

ちなみに、西田哲学においては、「人生論」はどうなのであろうか。

私見によれば、西田幾多郎の膨大な論考の中には、「人生論」を主題に掲げた論考は、ないのではないか。しかし勿論、「人生論」になる論考はある。しかも、たくさんある。例えば、「作られたものから作るものへ」とか、「創造的世界の創造的要素」とかいったテーマで語られている部分が、それである。それらにおいては、我々は、一面においては「作られたもの」ではあるが、他面においては、創造的世界を「作るもの」であり、創造的世界を作る「創造的要素」として働かなくてはならない、のである。そして、これこそが西田幾多郎の「人生論」ではないのか。そしてこれこそが、「作られたもの」という因果の殻を打ち破って、「作るもの」という自由の世界へと超出する秘策ではないのか。

更にまた、「道徳」と「宗教」にかかわる西田の論考もまた、西田の「人生論」の一面であることは勿論である。この点に関しては、西田の最後の完成論文である「場所的論理と宗教的世界観」（『西田幾多郎哲学論集』Ⅲ、岩波文庫、一九八九所収）の末尾に在る次の一文を引けば、十分であろう。

> 自然法爾的に、我々は神なき所に真の神を見るのである。（395）

さきに我々は、

「自然法爾」に生きよ！

と言った。しかし実はこれは、西田幾多郎に言わせれば、

「真の神」に生きよ！

という事なのである。
では、「真の神」とは何か。これが、次なる問題である。
西田幾多郎は、その論文「場所的論理と宗教的世界観」の冒頭において、

宗教は心霊上の事実である。（299）

と喝破した。そして、言う。

神なくして、宗教というものはない。神が宗教の根本概念である。しかし色が色として眼に現れる如く、音が音として耳に現れる如く、神は我々の自己に心霊上の事実として現れるのである。神は単に（信じるとか）知的に考えられる（も）のではない。（中略）「単なる理性」blosse Vernunft（カント）の中には、宗教は入って来ないのである。宗教を論ずる者は、少なくも自己の心霊上の事実として、宗教的意識を有《も》つ（持つ）者でなければならない。（傍点は引用者）（301）

なんという鋭い洞察である事よ、と思わざるを得ない。色が色として私に現れ、音が音として私に現れるように、神は、神として私に現れるのである。これは、心霊上の事実なのである。では、どう現れるのか。西田は、こう言う。

我々の自己の底には何処までも自己を越えたものがある、しかもそれは単に自己に他なるものではない、自己の外にあるものではない。そこに我々の自己の自己矛盾がある。

（傍点は引用者）（349）

我々の底には、超越的にして内在的な「或るもの」があるのである。或いは、内在的にして超越的な「或るもの」がある、と言ってもよい。このような「絶対矛盾的自己同一なるもの」、これこそが、西田幾多郎が言うところの「真の神」ではないのか。西田自身には、こういう言葉がある。

我々は何処までも内へ超越して行かなければならない。内在的超越こそ新しい文化への途であるのである。

（傍点は引用者）（393–4）

ここに私は、既成の宗教に絶望した西田幾多郎が人類の未来を託するに足る新しい宗教文化の可能性を感じていたのではないか、と思う。西田には、こういう言葉もある。

私は、真の文化は宗教的でなければならないとともに、真の宗教は文化的でなければならない、と言うのである。我々は、真の文化の背後に、隠れた神をみるのである。

しかし人間が何処までも非宗教的に、人間的立場に徹すること、文化的方向に行くことは、世界が世界自身を否定することであり、人間が人間自身を失うことである。これが文芸復興以来、ヨーロッパ文化の方向であったのである。西洋文化の没落など唱えられるに至った所以である。世界が自己自身を喪失し、人間が神を忘れた時、人間は何処までも個人的に、私欲的となる。その結果、世界は遊戯的か闘争的かとなる。すべてが乱世的となる。文化的方向は、その極限において、真の文化を失うに至るのである。

(392–3)

西田幾多郎は、警世の人でもあったのだ。

Ⅷ　後書

1　西田幾多郎『善の研究』を読む

真実の存在は「真如」である。真如は「霊性」として経験される。その経験が「宗教意識」として自覚され、そこに、一切を「阿弥陀如来」に任せる、という親鸞の信仰、「浄土真宗」の信仰、「絶対他力」の信仰、「自然法爾」の信仰、が生まれる。したがって、「自然法爾」の信仰の根底には、「真如」の形而上学がある。そして、それと同じ構造のものを、私は、西田幾多郎の処女作『善の研究』の第二編「実在」に見る。テクストとして

は、

西田幾多郎著・小坂国継全注釈『善の研究』（講談社学術文庫、二〇〇六）

を用いる。さきに私は、Ⅳ人生論の3「仏性」において、「『善の研究』は、堂々たる形而上学の書であったのだ」と言った。ここで私は、その事を再確認したい。

私の西田哲学との関係は、当然のことながら、『善の研究』から始まる。高校時代、私は、数人の友人たちと「読書会」を始めた。そして私の番になった時、私は、当時、倉田百三によって激賞されていた『善の研究』を取り上げた。しかし、読み進めてゆくうちに、第二編　実在　に至って、頓挫した。そのあたりから、「統一的或者」といった、経験の背後にある「形而上的なるもの」が現れてくるのである。当時私は、これとは別の「読書会」にも属していて、そこでは、別の友人たちと、カントの『純粋理性批判』の Einleitung（前文）を、習い覚えたばかりのドイツ語で、読んでいた。天野貞祐の訳書があるとはいえ、とにかく、「カントがドイツ語で読める」ということの経験は、私にとっては、非常な歓びであった。当時の私にとっては、「哲学」と言えば「認識論」、「認識論」と言えば「カント」であって、「哲学」に「形而上学」という分野があり得るという事など、理解できなかった。ところが私は、『善の研究』を読み進めていくうちに、「統一的或者」といった「形而上的なるもの」に遭遇したのである。ここで私は「頓挫」した。しかし、今は違う。今は、「哲学」といえば、第一次的には、不可触・不可視なる対象の学としての「形而上学」、第二次的には、そのような対象の現れの学としての「存在論」、そして、その「現れ」の議論の中に、自ずと「認識論」が含まれてくる。その「認識論」は、二手に分かれる。一つは、対象に「網」をかぶせて、「網」を通して対象を見る、という「認識論」であり、もう一つは、対象が「網」を通って現れてくる、という「認識論」である。そして、この議論は、「科学論」の姿をとる。

前置きがながくなった。ここから、『善の研究』からの引用をはじめる。これによって、「形而上学」と言うものの基本構造への理解を深めて頂きたい。

全ての実在の背後には、統一的或者の働きおることを認めねばならぬ。　（172）

例えば、色が赤のみであったならば、赤という色は現れようがない、赤が現れるには、赤ならざる色がなければならぬ、しかして、一つの性質が他の性質と比較し区別せらるるには、両性質はその根底において同一でなければならぬ、全く類を異にし（て）その間になんらの共通なる点をもたぬものは、比較し区別することが出来ぬ。かくの如く、すべて物は対立によって成立するというならば、その根底には必ず統一的或者が潜んでいるのである。（172–3）

この世において、現実に存在している、という意味での「実在」の背後には、不可触・不可視なる「統一的或者」なるものが存在し、この世の「実在」は、それの諸相ないしは展相なのである。したがって、「統一的或者」とは、後の西田哲学の言葉を用いれば、「絶対矛盾的自己同一者」なのである。西田幾多郎は、その出発時の思想の中に、すでに、晩年の根本思想を内蔵していたのである。以下において、その事を示唆すると思われる個所を、引用してみよう。

思惟あるいは意志において、一つの目的表象が連続的に働く時、我々はこれを一つのものと見なければならぬように、たといその統一作用が時間上には切れていても、一

つのものと考えねばならぬと思う。（46）

実在は矛盾によって成立するのである、赤き色（原文は、物）は赤からざる色に対し、働くものは、これを受けるものに対して成立するのである。この矛盾が消滅するとともに、実在も消え失せてしまう。元来、この矛盾と（「統一的或者」における）統一とは、（「統一的或者」という）同一の事柄を両方面より見たものにすぎない。統一（的或者）があるから矛盾があり、矛盾があるから統一（的或者）がある（のである）。（174）

実在の根本的方式は、一（「統一的或者」）なるとともに多（なる実在）、多なる（実在）とともに一（なる「統一的或者」）、平等（一）の中に差別（多）を具し、差別（多）の中に平等（一）を具するのである。（175）

元来、精神と自然と二種の実在があるのではない。この二者の区別は、同一実在（「統一的或者」について）の見方（現れ）の相違より起こるのである。直接経験の事実においては、主客の対立なく、精神物体の区別なく、物即心、心即物、ただ一個の現実あるのみである。（中略）精神と自然との統一というものは、二種の体系を統一するるのではない、元来（矛盾的自己）同一の統一の下にあるのである。（405-6）

もっと他にも、あるかもしれない。しかし、それはそれとして、西田幾多郎における「形而上学」は、終生、「絶対矛盾的自己同一」の探究であったのである。

2　三木清『人生論ノート』を読む

私は、さきに上梓した拙著『「西田哲学」演習』（春秋社、二〇二〇）において、「三木清『哲学入門』を読む」という一章を加えた。それは、三木清のこの本は、その序によれば、彼の理解する限りでの「西田哲学」を『哲学入門』として書いたものであるから、なのである。ところで、このたびの拙著は、『人生論』である。そして最近、三木清には『人生論ノート』（新潮社、一九五四）という一冊がある、という事を知った。それで早速、その『人生論ノート』を通覧してみた。そして、その末尾にある「個性について」という論考に、惹かれるものを感じた。しかし同時に、そこには論旨の乱れがある、とも感じた。以下において私は、その三木清の論考「個性について」を、失礼をも省みず標題を「個物と個性について」と変えた上で、引用しながら、その要旨を私なりの理解に従ってたどってみようと思う。題して、

私説：三木清「個物と個性について」

「個性」とは、「個」の「特性」のことである。百の「個」があれば、百の「特性」がある。かく言う時の「個」とは、鈴木大拙が「超個の個」と言う時の「個」であり、西田幾多郎が「個物」と言う時の「個」である。それは、ライプニッツのモナド（単子）を彷彿とさせるものである。ここで「ライプニッツのモナド」と言ったものは、「真としてそれに属する述語を全て有する主語」によって表現されているもの、の事である。詳細は、拙著『悪の起源』（春秋社、二〇一七、一四二―四頁）を参照して頂ければ幸いです。さて、三木清の本文は、こう始まる。

個物（本文では個性）の奥深い殿堂に到る道は、（古代ギリシアの都市国家）テーバイの街（を囲む城壁）の門の数（七つあった）のように多い。私の一々の生活は、私の信仰の生ける告白であり、私の個々の行為は、私の宗教の語らざる伝道である。私のうちに去来するもろもろの心は、自己の堂奥に祀られたるものの直接的な認識を私に喚《よ》び起こさせるために生成し、発展し、消滅する。それ故に、有限なものを通して無限なものを捕捉し得る者は、私の唯一つの思想感情もしくは行為を知ることによってさえ、私がまことの神の信者であるか、それともバールの（偽の？）僧侶であるかを洞察し得るであろう。（傍点は引用者）（159）

ここで注目して頂きたいのは、「私のうちに去来するもろもろの心（現象としての心）は、自己の堂奥に祀られたるもの（超越的なる真如）の直接的な認識を私に喚《よ》び起こさせるために生成し、発展し、消滅する。」という箇所である。人は、えてして、有限な我は、無限なる神を認識する事は、論理的に不可能である、と考える。しかし三木は、そうは考えなかった。三木は、もっと直接的に考えた。

私は、私のうちに無数の心像が果てしなく去来するのを、意識する。〈私というもの〉は、私の脳裏に生ずる表象や感情や意欲の totum discretum（個々のものの全体）であるのか。それ（〈私というもの〉）は、「観念の束」でもあるのか。けれども私は、一切の活動がただ私に於いて起こることを知っている。〈私というもの〉は、無数の心像がその上に現れては消えつつ様々な悲喜劇を演ずる［舞台］であるのか。それ（［舞台］）は、すべてのものがそこへ入って行くが、何ものもそこから出て来ないところの「獅子の住む洞窟」でもあるのか。しかし私は、私の精神過程の生成と消滅、生産と衰亡の一切が、ただ私に因って起こることを知っている。（159–60）

ここにおいて、傍点の打たれた二箇所に注目して頂きたい。いずれも、原文において、既に打たれているものである。前者の「一切の活動がただ私に於いて起こる」と言うときの「於いて」という言い方は、後期において西田が「西田哲学」を完成した時の「場所の哲学」での基本的言い方であり、後者の「私の精神過程の生成と消滅、生産と衰亡の一切が、ただ私に因って起こる」と言うときの「因って」は、私の精神過程は、ただ単に「私の」精神過程であるのみならず、「私に起因する」精神過程である事を明示しているのである。

すなわち「私」は、「私の精神過程」の単なる［舞台］ではないのである。さらに三木は、こう続ける。

もし〈私というもの〉が、私のあらゆる（精神の）運動と変化がその前で演じられる《背景》であるとすれば、それ（《背景》）は実に奇怪で不気味なUnding（馬鹿げたもの）であると言わねばならぬ。私はそれ（《背景》）に如何なる指示し得べき内容（述語）をも与えることが出来ない。なぜなら私がそれ（《背景》）について表象する性質（述語）は、悉くこの背景を俟って可能なのであって、背景そのもの（の術語）ではないから。従ってそれ（《背景》）そのものは、もはや（個物を規定する術語によって規定されるもの）であることをやめねばならない。私はかようなものを、ただ何物ででもなく、また、何物からも生じない抽象的実体として考え得るのみである。かくして私は虚無観の前にたたずむ。私によって決して体験されることがないこの悪魔的なUnding（馬鹿げたもの）は、私が経験する色あり響きあるすべての喜びと悲しみを舐め尽くし、食い尽くしてしまう。しかし私はこの物から再び七彩の交差する美しい世界へ帰るべき術を知らないのである。（160）

〈私というもの〉は、「観念の束」でもなければ、「観念の踊る舞台」でもない、「観念を食い尽くす獅子の住む洞穴」でもない。それ（〈私というもの〉）は、「観念の踊る舞台の背景」でもない。では一体、〈私というもの〉は如何なるものなのか。三木はこう続ける。

> 私もまた「万の心をもつ人」である。私は私の内部に絶えず鬩《せめ》ぎ合い、いがみ合い、相反対し、相矛盾する多くの心を見出すのである。しかしながら私は、これら無数の愛し合い、助け合う、そして実にしばしば憎しみ合い、挑み合う心の aggregatum per accidens（個々ばらばらの集合体）ではないであろう。或いは（私は）、それらの心像が単に心理学的法則に従って結合したもので（も）ないであろう。（もしも）私にして「観念の束」に過ぎないとすれば、心理学者が私を理解しようとして試みる説明は、正当である。彼等は私のうちに現れる精神現象を一定の範疇と法則とに従って分類し、総括し、また私の記憶が視覚型に属するか、聴覚型に属するか、更に私の性格が多血質であるか、胆汁質であるか、等々、を決定する。けれども（これらの）抽象的な概念と言語は、全てのものから（その個々の）個性を奪って一様に（黒塗りの）黒（い）

塊（り）を作り、ピーターとポールとを同じにする悪しきデモクラシーを行うものである。（一体）私は、普遍的な類型や法則の標本（中略）として存在するのである（の）か。しからば、私もまた言わねばならない、「私は法則のためにではなく例外のために作られたような人間の一人である」と。七つの天を計り得るとも、誰がいったい人間の魂の軌道を計ることが出来よう。私は、私の個性が一層多く（科学的に）記述され定義されることが出来れば出来るほど、私の価値が減じてゆくように感じるのである。（160–1）

科学は普遍を求め、法則でまとめる。百の事象があり、そこに一つの共通点があれば、科学者は、その一つの共通点に着目し、他を一切捨象して、その共通点を有するものとして、その百の事象を一括する。これは、個々の事象の特性を無視する方向である。これは、教育の場面でいえば、「個性尊重」の方向と逆向きの方向である、「個性無視」の方向である。そして勿論これは、人間理解の方向としては、正しくない。三木は、こう言う。

ひとは私に、個性が無限な存在であることを教え、私もまたそう信じている。（161）

そして実は私も、そう信じている。三木によれば、こうである。

（原子論的に）単に無数の部分から合成されたものが無限であるのではなく、（逆に、全体論的に、）無限なものにおいては部分は、全体が限定されて生ずるものとして、つねに全体を表現している。そして私がすべての魂を投げ出して（無心に）働くとき、私の個々の行為には、私の個性の全体が現実的なものとしてつねに表現されているのである。無限なものは、一つの目的、または企図に統一されたものであって、その発展の一つの段階は、必然的に次の段階へ移りゆくべき契機をそのうちに含んでいる。（こ賢《ざか》しい）理智の技巧を離れて純粋な学問的思索に耽《ふけ》るとき、感情の放蕩を去って純粋な芸術的制作に従うとき、欲望の打算を退けて純粋な道徳的行為を行うとき、私はかような無限を体験する。思惟されることができずただ体験されることができる無限は、つねに価値に充ちたもの即ち永遠なものである。それは意識されるにせよ意識されぬにせよ、規範意識によって一つの過程から次の過程へ必然的に導かれる限りなき創造的活動である。かような必然性はもとより因果律の必然性ではなく、超時間的で

個性的な内面的必然性である。　（164）

ここで言われている事は、物事を部分から「原子論」的に考える人には理解しにくいかもしれないが、物事を全体を背景にして「全体論」的に考える人には、理解できない話ではない。例えば数学で、最も基本的な集合は「整数」

{……-3, -2, -1, 0, +1, +2, +3, ……}

である。そこに「プラス」と「マイナス」という二つの演算を導入する。すると、任意の二つの整数に、そのどちらの演算を施しても、その結果は、やはり整数である。したがって、どの整数にも、それを「＋」／「－」の演算の答えとする一組の整数が、無限に存在することになる。という事は、どの整数にも整数全体が「内在」している、という事である。そしてまた、どの整数も、他の何等かの整数と組になって、全ての整数に「内在」している、という事でもある。かくして、「整数」という集合には、その要素間に、無限に複雑な網が掛かっている、という事になる。この事を、簡単に言えば、どの「整数」にも無限に他の「整数」が内在し、また、どの「整数」も無限に他の「整数」に内在しているのである。このような事を、華厳宗では、「一即一切、一切即一」という。そしてこの論理は、既に、V 補説（2）の3の「道元の「有時」について――「同時炳現」――」、その他で詳説したところである。

要するに、この世は、「一即一切、一切即一」なのである。一切は一の中に反映され、一は一切の中に反映されるのである。この事を認めれば、三木の次の言葉は、全く自然である。

哲学者（ライプニッツ）は（個物の）個性が無限な存在であることを、次のように説明した。個物（原文では個性）は宇宙の生ける鏡であって、一にして一切なる存在である。（中略）すべての個別的実体（個物）は、神が全宇宙についてなした決意を表しているのであって、一個の個物（原文では個性）は全世界の意味を唯一の仕方で現実化し表現するミクロコスモス（小宇宙）である。個物（原文では個性）は、自己自身のうちに他との無限の関係を含みつつ、しかも、全体の中において占めるならびなき位置によって、個物（原文では個性）なのである。しからば（個物なる）私は、如何にして、

全宇宙と無限の関係に立つのであるか。（165–6）

私（なる個物）は、哲学者（ライプニッツ）が教えたように、神の（定めた）予定調和にあって、他との無限の関係に入っているのであろうか。私は、神の意思決定に制約されて、全世界と不変の規則的関係に立っているのでもあろうか。しからば私は、一つの必然に機械的に従っているのであり、私の価値は、私自身にではなく、私を超えて普遍的なもの（神）に依存しているのではないか。（しかし）私はむしろ自由を求める。そして私がほんとに自由であることができるのは、私が（こ賢《ざか》しい）理智の細工や感情の遊戯や欲望の打算を捨てて、純粋に創造的になったときである。（中略）そのとき私は、（中略）宇宙の創造の中心に自己の中心を横たえているのであるから。（この意味での）自由な存在としてのみ私は、いわゆる社会の中で活動するにせよしないにせよ、全宇宙と無限の関係に入るのである。かようにしてまた個物（原文では個性）の唯一性は、それが全（中略）自然の中で占める位置の唯一性に存するのではなく、本質的にはそれが全（中略）文化の中で課せられている任務の唯一性に基礎付けられるものであることを、私は知るのである。

（傍点は引用者）（166–7）

ここで私は、三木がその二十年後に書いた『哲学入門』の最後の一句を思い出す。それは、「人間は使命的存在である。」（傍点は引用者）というものである。この事については、かつて私は、拙著『「西田哲学」演習』（春秋社、二〇二〇）において、少し書いたことがあるので、ここでは繰り返さない。いずれにせよ私は、三木が「任務」と言い「使命」と言うことの背後には、三木には、この世における「絶対者の支配」という想定があった、と感じざるを得ない。三木が、ライプニッツの「予定調和」に言及するのも、当然であろう。しかも三木は、それからの「脱出」の方途をも示しているのである。それが、「（こ賢《ざか》しい）理智の細工や感情の遊戯や欲望の打算を捨てて、純粋に創造的になる」という事である。言うなれば、「己を捨てて、神と一体になる」という事である。これは、全く宗教的な生き方である。そして、これこそが「予定調和」の解毒剤になるのである。これこそが、完全に「予定調和」に随いながら、完全に「自由」になる道である。この「絶対矛盾的自己同一」の道こそが、我々の「生きる道」である。

3　「個物」と「個性」について

さきの2をお読みの方は既にお気づきであろう。三木には「個物」と「個性」について、いくらか混乱がある、と思われる。それで、この点を、少し別の観点から眺めて見る。それは、「歴史的観点」というものである。

個物を指し示す方法は一般に三つある、と言われている。ひとつは、「あれ」とか「これ」とかいう「指示（代名）詞による方法」であり、二つ目は「確定記述による方法」である。そして三つ目は「固有名（詞）による方法」である。ラッセルは、「指示詞による方法」は不可欠であるとしたが、「固有名による方法」は「確定記述による方法」に還元可能であり、したがって、固有名は消去可能である、とした。個物を指し示すには、指示詞の他には、確定記述だけあれば充分である、というわけである。眼前にあるものならば、とにかく指示と指示詞で指し示すことが出来るけれども、眼前にないものの場合には、そうはいかない。しかしその場合には、確定記述を用いればよい、したがって、固有名はなくともよい、というわけである。ラッセルの有名な「記述の理論」では、そう考えている。たとえば、「ソクラテス」という固有名によって、我々は一般に、かの有名な哲学者ソクラテスを指示する。しかし、我々はそのソクラテスを、「毒人参を飲んだ哲学者」という記述によっても、指示する事が出来る。そしてもし、かの有名な哲学者ソクラテス以外にも毒人参を飲んだ哲学者がいたとすれば、その記述を「牢獄で毒人参を飲んだギリシアの哲学者」といったように、どんどん詳しくしていって、ソクラテス以外には該当者がいないようにすればよい。これが、ラッセルの「記述の理論」の基本にある考えである。

　このような「記述の理論」の底には、二つの考えがある。一つは、集合は、条件を与えることによって決定される、という考えであり、他の一つは、ソクラテスのような個物を、それのみを元とする集合——もはや「集合」とは言えないような集合——によって指示する、という考えである。前者は、古典的に言えば、外延は内包によって決定される、という考えである。

　以上のような「記述の理論」に対し、徹底的に反論したのがクリプキである。(註) 彼によれば、固有名は消去不可能なのである。眼前にない個物を指し示すには、「確定記述による方法」の外に、「固有名による方法」があり、また、あらねばならないのである。しかも、後者の方が基本的なのである。何故なら、クリプキの言葉を用いれば、前者は指示を固定しないのに対し、後者は指示を固定するからである。すなわち、前者は、可能世界においては別の個物を指示するかもしれないのに対し、後者は、如何なる可能世界においても常に同じ個物を指示するからである。ソクラテスは確かに毒人参を飲んだ哲学者である。これは事実である（とする）。しかし、ソクラテスは毒人参を飲まなかった、ということは可能であったのであり、また、そもそも哲学者でさえなかった、ということすら可能なのである。そして、もしかして実はソクラテスの親友クリトンが、ソクラテスに代わって、毒人参を飲んだのかもしれないのである。このような（可能世界の）想定は、「ソクラテス」とか「クリトン」とかいう固有名の使用法として、全く正当なのである。そうであるとすれば、例えば「毒人参を飲んだ哲学者」という記述は、もしそれが記述として十分であると仮定すれば、現実の世界においてはソクラテスを指示するが、ある可能世界においてはクリトンを指示するのである。すなわち、その記述は、可能世界においては、別の個物を指示するかもしれないのである。これに対し、「ソクラテス」とか「クリトン」とかいう固有名は、如何なる可能世界においても、常に一貫してソクラテスないしクリトンを指示するのである。

しからば、何故ラッセルとクリプキの間に、そのような考えの相違が生じたのか。それは、ラッセルは、「確定記述」というものは、それによって指示される個物の成立条件、即ち、「定義」を記述している、としたのに対し、クリプキは、「確定記述」といえども、それは、それによって指示される個物のたまたまの状況を記述しているだけであって、けっして、その個物の成立条件、即ち、「定義」を記述しているわけではない、としたからである。そして、現実における我々の言葉の使用は、クリプキの言うとおり、なのである。「確定記述」は「本質記述」ではないのである。

註：ラッセルの「確定記述の理論」とクリプキの「固有名の理論」については、拙著『「語り得ぬもの」に向かって』（勁草書房、一九九一）所収の論考「私という存在」を参照してください。クリプキの理論についてはより詳しくは、クリプキ著、八木沢敬・野家啓一訳『名指しと必然性』（産業図書、一九八五）を、是非参照ください。これは「必読の書」です。かつて私は、スウェーデンでの「科学基礎論」の学会で、クリプキに会う機会があった。クリプキの『ウィトゲンシュタインのパラドックス』の翻訳者として、挨拶したが、その時の握手したクリプキの手の、温かくて柔らかい感触は、いまだに忘れられない。そして、私は思った。おしらくクリプキは、ナイフとフォーク、そしてスプーンより、重いものは持ったことがないのではないか、と。勿論、そんなことはあるはずがないけれども。ラッセルの「確定記述の理論」は、B. Russell, "On Denoting" (*MIND* 14, 1905) が、初出である。邦訳には、清水義夫訳「指示について」（坂本百大編『現代哲学基本論文集Ⅰ』勁草書房、一九八六）がある。

例えば、京都に「苔寺」という有名な寺院がある。庭が、苔でいっぱいであるから、である。ところが、ある日、未知の黴菌によって、一夜にしてその苔が全滅したとしよう。この時、新聞は何と報じるであろうか。「苔寺の苔が全滅した」と報じるのではないか。勿論、苔寺は、庭が苔でいっぱいであったから、「苔寺」という固有名が付いたのである。しかし、一旦そういう固有名が付いた以上は、苔がなくなっても、苔寺は「苔寺」なのである。「苔がいっぱいある」ということは、今日の「苔寺」の「本質」ではないのである。勿論、「かつて苔がいっぱいあった」という事は、今日の「苔寺」の本質ではあるけれども。

ここで、少し「苔寺」にこだわってみよう。「苔寺」には、長い長い歴史がある。「苔寺」は、人類の長い長い歴史の尖端にあるのである。その長い長い歴史を逆に遡れば、さしあたりは、日本の歴史を遡ることになるが、関係する事象は末広がりにどんどん広がって行き、果てしがない。イメージとしては、その行き着く先は古代の日本文化であり、更には、世界の古代文化である。翻って考えれば、今日の日本文化は、人類発生の昔からの、営々と今日まで続いている全歴史の、蓄積なのである。我々は、その全蓄積を、それぞれが担っているのである。そして、我々が担っているものの違いに応じて、我々は違うのである。ここに我々の「個性」が生じる。

4 「スピノザの神」について

私が、この小著の最後に、このような一項を付加したことについては、「序」の末尾をお読みいただければ、お分かりいただけると思います。

上野修訳『スピノザ全集』Ⅲ「エチカ」(岩波書店、二〇二二)によると、スピノザは、その主著『エチカ』の第一部「神について」の、冒頭にある「定義」の「六」において、こう書いている。

「神」によって私は、絶対的に無限な存在者、すなわちその一つひとつが永遠かつ無限な本質を表現する無限に多くの属性において成り立つ実体、と解して置く。(10)

私は、これをこう解釈する

「神」とは、「絶対的に（即ち、対を絶して、この世に一つしかない）無限な（る）存在者」、すなわち、（それを構成している個物の）その一つひとつが、（己自身の）永遠かつ無限な本質を表現する無限に多くの属性において成り立（っている）、という、そのような実体である。

先ず「個物」とは何か。私は、ここにおける「個物」として、ライプニッツが言う意味での「個物」（モナド）を考える。「それ」は、真としてそれに属するすべての述語を有する主語、によって表示されるものである。したがって、神について、真として述べられる命題は、全て分析命題である、という事になる。即ち、「神学」は「論理学」なのである。「論理学」にもいろいろあるが、私はここでは、数学における「整数論」を考える事とする。但しここで私は、「整数論」として、「ゼロと正と負の自然数」を要素とする集合

{……-3, -2, -1, 0, +1, +2, +3, ……}

において、二つの演算「足し算（＋）」と「引き算（－）」のみが認められる、と考える。「掛算（×）」はともかくとして、「割り算（÷）」を認めると、その結果は、上記の整数の範囲を逸脱してしまうから、である。要するに、私の考える「整数の世界」は、「加法」と「減法」においては、完全に閉じられているのである。

　ここで、任意に一つの整数aをとる。すると、その「加法」あるいは「減法」の、或いは、それらの組み合わせの、答えがaになるような、二つあるいはそれ以上の整数の集合は、無限に沢山ある。そして、その集合は、整数の集合（世界）全体に及ぶ。この眼もくらむような事実は、何を意味しているのか。それは、任意にとられた整数aには、整数全体が論理的に「内在」している、という事である。「華厳経」では、このような事実を「一即一切、一切即一」と言う。言うなれば、「一」と「一切」は「絶対矛盾的自己同一」なのである。「個物」一つ一つには「個物」全体が内在し、「個物」全体には「個物」一つ一つが内在しているのである。

　これと同じ事態が、実は、「もの」の世界においても言えるのである。この事は、「もの」（万事・万物・万象）は歴史的存在である、言い換えれば、「もの」は歴史依存である、という事を考えれば、おのずと明らかであろう。例えば、私という「もの」（者）の現在の存在は、私の現在に至るまでの、その全歴史に依存している事は、言うまでもない。しかもその歴史は、私の誕生以前の、我が国の歴史に依存し、我が国の歴史は、人類の歴史に依存し、かくして、限りがない。結局、この歴史は、この宇宙誕生の初めまで遡ってしまう。という事は、私の現在の存在には、この宇宙の全歴史が「内在」している、という事である。即ち、「一即一切」なのである。然しそれは、見方を翻せば、「一切」は「一」に内在しているのである。即ち、「一切即一」でもあるわけである。私は、この宇宙の歴史の最先端にいるのである。

ここで話を、スピノザの「神」にもどす。そして「一即一切、一切即一」の範例として、さきに述べた「整数」の論理の方を念頭に置く。その上で、スピノザの「神」の定義(六)を読んでみる。そして私は、それをこう理解する。

(整数の)「神」によって私は、「絶対的に無限にある(整数なる)個物の全体」、即ち、「その個物(整数)一つひとつが、(他の一切の整数を内在せしめている、という、)永遠かつ無限な本質を表示する(ところの)、無限に多くの属性において成り立つ実体」、と解して置く。

(傍点は引用者)

要するに、こうである。整数は無数にある。その各々には、無数の整数によって構成された無数の構造が絶対的に内在している。そして、そのような整数の全体が、言ってみれば、（整数の）「神」なのである。

ここで目を「この世」に移せば、我々の「神」とは、この世の一切が内在している個物の全体としての、この世（この自然）である、という事になろう。スピノザの神学が、「神即自然」と言われ、「汎神論」と言われるのもむべなるかな、である。

IX　余滴
――中野孝次『ローマの哲人　セネカの言葉』を読む――

私は、この度の小著『人生論』を書き終えた、と感じたとき、念のため、ギリシア・ローマの哲人たちの「人生論」についても一瞥しておくべきだ、と思い、中野孝次氏のこの書を読んでみた。そして驚いた。そこで紹介されている思想は、まさしく「自然法爾」であったからである。以下の引用は、中野氏の同書（講談社学術文庫、二〇二〇）からのものである。

セネカ（Seneca）の生年は、（西暦）紀元前五年とも四年とも、あるいは前一年とも言われ、専門家のあいだでも意見が一致していない。要するにイエス・キリストと同じ世代の人だ。（中略）一家は裕福で、父は修辞学（レトリック）で有名であり、母は夫の反対にもかかわらず、文学と哲学を学んだ人であった。(16)

（彼は）初め文法家に学び、次に雄弁術の教室に通って修辞学を学んだ。（中略）そのあと哲学を学んだ。ただ子供のころから病弱であった。(16)

（成人して）初め弁護士として活躍したが、（気管支炎の）病状が悪化し、病気療養のため西暦二五年頃、叔母の夫が総督をしているエジプトに渡り、健康を取り戻した（西暦）三一年まで、そこに留まった。当時アレクサンドリアはヘレニズム（ギリシア精神）の中心であり、ここでの体験は彼の思想に大きな影響を与えた。(17)

ローマに戻ってまもなく、（彼は）この叔母の尽力で財務官の地位を得た。（中略）（そして西暦）三九―四一年頃（には）、彼は弁論によってローマで非常に有名で、その輝かしい弁論術に嫉妬した皇帝カリグラに危うく殺されそうになった。(17)

次のクラウディウス帝の時、（中略）（彼は）ユリア・リヴィラと（の）姦通という濡れ衣を着せられて、当時文明の果つるところと言われたコルシカ島に追放された。追放は（西暦）四九年まで（中略）及んだ。この間彼はもっぱら哲学に慰めを求め、「母へルヴィアへの慰め」を書いた。(17)

セネカの追放が解かれ、ローマに帰ったのは、皇后メッサリーナが姦通の罪で処刑され、アグリッピーナがその後釜に坐った時だった。(註) アグリッピーナはセネカを呼び戻すとすぐ法務官の職を与え、当時十二歳だった息子ネロの家庭教師に任命した。彼女は、（クラウディウスの先妻の子ブリタニクスを差し置いて、アエノバルブスとの間にもうけた我が子）ネロを次代の皇帝にしようとする大野心を抱いており、そのためにセネカの人気と力を必要としたと言われている。セネカは哲学に専念したい意志があったが、選択の余地はなかったらしい。彼は護衛隊長ブルルスとともにその任についた。(18)

（西暦）五四年、クラウディウス帝が、（アグリッピーナの連れ子である年長の）養子ネロではなく、実子ブリタニクスを皇帝にしようとしかけたとき、アグリッピーナはクラ

ウディウス帝を毒殺し、ネロを皇帝に据えた。この年から（西暦）六二年までが、ネ

註：クラウディウス帝から見ての図

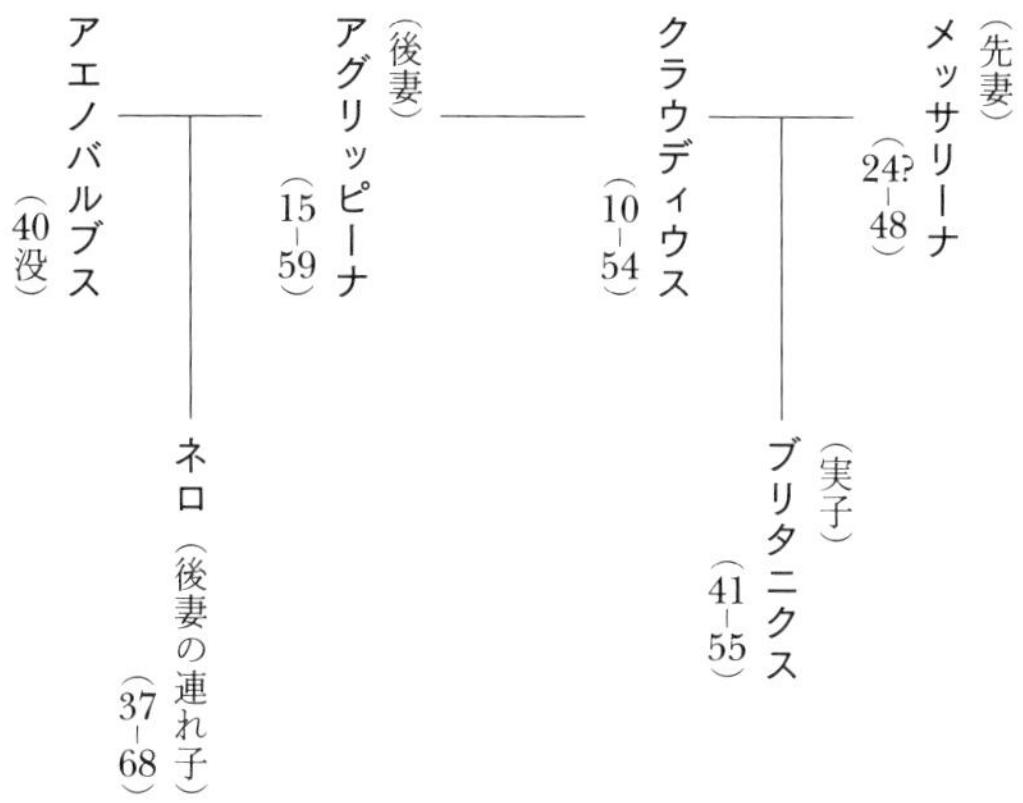

ロの顧問官として、セネカが宮廷と政界において権力の頂点にあった時だ。（18）

が、（中略）次第に（ネロの恋愛問題が絡んで、）ネロと（母）アグリッピーナの間は険悪化していった。（そして）ネロはついに母親殺しを行った。（18）

セネカがネロを見離したのはこの事件があってからだと言われている。彼はこの時から徐々に身を引き、退いていったらしい。（西暦）六二年、彼はローマでも有数と言われた莫大なその全財産の献上とともに引退を申し出たが、ネロは許さなかった。（18-9）

しかし、セネカは引退した。そしてこれからの（西暦）六五年の死までの数年間が、、セネカが全き閑暇の中で哲学に没頭することのできた、最も幸福な、思想的に円熟した時期だった。（19）

けれども、彼は結局ネロの死の手を逃れることはできなかった。（或る）ネロ暗殺未

遂事件に荷担した疑いをかけられ、彼は死を命じられた。(19)

そしてセネカは、従容として死に赴いた。その時の光景は、歴史家タキトゥス著、国原吉之助訳『年代記』（岩波文庫、一九八一）に詳しい。私はここで、ソクラテスの最後、そして、千利休の最後を思い出す。彼らにおける「死に行く姿」は、彼等の「死生観」、そして、その奥にある「人生観」・「形而上学」を端的に示している。

セネカには、対話篇十篇（十二巻）と、その他（四篇）が残されている。中野孝次著の『ローマの哲人　セネカの言葉』は、これらのうちから、著者（中野氏）の心に響く言葉を選んで、解説しながら紹介したものである。そして、この「余滴」は、更にそのうちから、私の心に響く言葉を選んで、解説しながら紹介したものである。中野氏は、こう言う。

（セネカが属していた）ストア派の哲学は、自然に従って起こることはすべて善である、死は自然に従って起こる、ゆえに死は悪（い事）ではない、と考える。セネカもほぼ同じように死は自然法だと考えていたようで、「よく死ぬとは、喜んで死ぬという意味だ」と言っている。この「死と折り合う」という心構えは、避け得ないものに対する無力な諦めではなくて、仕上げという意味での人生の終わりの肯定なのだ。

（傍点は引用者）（125）

死は、この世における忌避すべき現象ではなく、積極的に肯定すべき自然の在りよう、なのであり、「自然法爾」なのである。そして、最後に、「おわりに——現代人にとってセネカとは何か？」という一章を設けて、こう言っている。

セネカは、自然に従って生きよ、と言う。この「自然」は、欲望や快楽によって作られている人間界の常識と（は）対立するもので、自然に従って生きることは理性に従って生きることだ、とも言う。自然はしばしばセネカにとって神と同じものを指すようである。（スピノザの「神即自然」を思い出せ！）だから人間の内にある自然は、神性のかけらであり、宇宙全体の神性と同質のものであって、それを理性と呼んでいるのだ、とわたしは解した。（247）

これは中国唐代の禅匠の語録や、鈴木大拙の説く禅の本に親しんでいるわたしには、なじみの考え方であった。禅もまた、宇宙全体にある仏性と、人間にある仏性とは「即心是仏」で、同質のものと説く。仏は自分の中にいるのだ。自分を磨いて仏性を輝かせることが仏の実現なのである。（248）

その心を磨き修行することが、セネカでは徳の追求ということにあたる。それは偶然（運命）のもたらすものに頼らず、悩まず、喜ばず、自分の心の実現したものだけを楽しむということだ。欲望は外物を求めるものだから、人間の自由を奪う。人間が完全に自由に生きるには、これだけは何物にも奪われず、支配されない心（精神）を働かせ、それのもたらすものだけを信じ、たのしみ、それを生きるよろこびとしなければならない。これは自分が自分に充足して生きることである。自分を信じ、愛し、自足して生きること、自分を全肯定することである。セネカはそういう心の状態を、手を替え、品を替えて、説く。（傍点は引用者）（248）

中野孝次氏の言うところ（245）によれば、一口で言ってセネカの哲学は、「自分を全肯定する」ことによって幸福に至る哲学である、と言えるのではないか。そしてそれは、結局、

「自然法爾」の哲学なのである、死をも肯定し、逆らうことなく「死にゆく」事を最善とする哲学なのである。

またしても、「自然法爾」が出てきた。それで最後に私は、『岩波 哲学・思想事典』の「自然法爾《じねんほうに》」の項の一部を引いて、参考に供したい。それは、親鸞最晩年の思想であり、親鸞の書簡集『末灯鈔《まっとうしょう》』からのものである。

> 自然といふは、自はをのづからといふ、行者のはからひにあらず、然といふはしからしむといふことばなり。しからしむといふも（原文では「は」）行者のはからひにあらず、（ともに）如来のちかひ（法）にてあるがゆへに（あわせて）「（自然）法爾」といふ。
>
> （傍点は引用者）（675）

難解な文章であるが、私は、これをこう理解する。

「自然」の「自」は、行者自身の「はからい」ではなく、「如来」という「法」によって「おのずから」という事であり、「然」も、これまた行者自身の「はからい」ではなく、「如来」という「法」によって「しかる」という事である。したがって、「自然」とは、行者自身の「はからい」ではなく、「如来」という「法」によって「おのずからしかる」という事なのである。故に、「自然」は「法」爾《に》よって、なのである。「自然法爾」なのである。

そして勿論、こうも言えるであろう。「人生法爾」。そこで、（辞世の）一句。

「人生を「法」爾《に》預けてひと眠り。」

著 者 略 歴

黒崎　宏　*Hiroshi Kurosaki*

1928 年、東京に生まれる。東京大学大学院哲学研究科博士課程単位取得退学。長らく成城大学教授を務め、現在は成城大学名誉教授。著書に、『科学と人間』『ウィトゲンシュタインの生涯と哲学』『言語ゲーム一元論』（以上、勁草書房）、『ウィトゲンシュタインが見た世界』（新曜社）、『ウィトゲンシュタインと禅』『ウィトゲンシュタインから道元へ』『ウィトゲンシュタインから龍樹へ』（以上、哲学書房）、『純粋仏教』『理性の限界内の般若心経』『〈自己〉の哲学』『啓蒙思想としての仏教』『悪の起源』『「西田哲学」演習』『「絶対矛盾的自己同一」とは何か』（以上、春秋社）など多数。編著書に、『ウィトゲンシュタイン小事典』（山本信共編、大修館書店）など。訳書に、『ウィトゲンシュタイン『哲学的探求』読解』（翻訳と註解）クリプキ『ウィトゲンシュタインのパラドックス』（以上、産業図書）、マルカム『ウィトゲンシュタインと宗教』（法政大学出版局）など多数。

人生論

「自受用三昧」から「自然法爾」へ

2023 年 6 月 20 日　第 1 刷発行

著　者――――黒崎　宏
発行者――――小林公二
発行所――――株式会社 春秋社
〒 101-0021 東京都千代田区外神田 2-18-6
電話 03-3255-9611
振替 00180-6-24861
https://www.shunjusha.co.jp/
印刷・製本――萩原印刷 株式会社

ISBN 978-4-393-32410-3
定価はカバー等に表示してあります